OPERACIONES EN DIVISAS

¡La Serie Completa!

Parte 1: Dos estrategias de números redondos

Parte 2: Dos estrategias con pivotes semanales

Parte 3: Operando con el máximo y mínimo semanal

Parte 4: Negociando varias estrategias simultáneamente

Traducido del inglés al español por Maitasun

Heikin Ashi Trader

Splendid Island

Ormidia, Larnaca

La información presentada en este documento representa la opinión del autor a partir de la fecha de publicación. Este libro se presenta únicamente con fines informativos y de entretenimiento. Debido a la velocidad con que las condiciones económicas y culturales cambian, el autor se reserva el derecho de modificar y actualizar sus opiniones en función de las nuevas condiciones. Si bien se han realizado todos los intentos posibles para verificar la información en este libro, ni el autor ni sus afiliados/socios asumen ninguna responsabilidad por errores, inexactitudes u omisiones. En ningún momento la información contenida en este documento se constituirá como asesoramiento profesional, de inversión, fiscal, contable, legal o médico. Este libro no constituye una recomendación o una garantía de idoneidad para ninguna empresa, industria, sitio web, activo, cartera de valores, transacción o estrategia de inversión en particular.

Tabla de Contenido

PARTE 1:
DOS ESTRATEGIAS
DE NÚMEROS REDONDOS

Introducción

Como siempre pensé, cualquiera que pueda negociar futuros como el E-mini o NQ tendrá éxito en los mercados cambiarios. Después de todo, el comportamiento humano se mantiene a lo largo del tiempo y en todos los mercados financieros. Lo único que debe hacerse es estudiarlo para poder desarrollar estrategias de negocio universalmente aplicables.

Si esta afirmación es correcta en su principio, también es cierto que cada mercado tiene sus propias características, y aquellos agentes que durante años operan en el mismo mercado, están conscientes de esto, toda vez que se repiten los mismos patrones. Su mercado prepara tendencias de una manera específica, y el operador experimentado sabe, o siente, cuándo entrar o cuándo mantenerse afuera.

Si esto también aplica a los mercados de divisas en cierta medida, entonces, indudablemente, deben tener sus propias peculiaridades, solo aplicables a ellos. Dichos mercados no son realmente mercados, porque no hay un lugar o instancia central donde compradores y vendedores se conozcan o encuentren. A diferencia de los mercados bursátiles y los de materias primas, no existe una entidad central donde se negocien pares de divisas.

El mercado de divisas "funciona" gracias a una red de bancos comerciales que se comunican entre sí, y con sus principales clientes. Esto anteriormente fue y continúa realizándose por teléfono, aunque Internet y la infraestructura actual han reemplazado en gran medida ese tipo de comunicación.

No obstante, esta estructura descentralizada garantiza que un número ilimitado de actores del mercado puedan participar en las transacciones. En realidad, existen suficientes operadores, en todo momento, dispuestos a comprar o vender, esta o aquella moneda, a este u otro precio. Como resultado, el mercado cambiario es un negocio muy eficiente. En otras palabras, existen pocas o casi nulas ineficiencias que un operador pudiese explotar en su provecho, en contraposición a los mucho menos eficientes mercados de acciones de centavo (Penny Stock), por ejemplo. Quienes gustan explotar ineficiencias, se sienten mejor en estos últimos que en el de divisas. El libro de órdenes (si es que en *forex* siquiera pudiese referirse a tal cosa) es increíblemente profundo. Ningún mercado es más líquido que el cambiario.

Es ampliamente conocido que, en cada día de negociación, se transan más de USD 4 billones en los mercados internacionales de divisas, aunque este número varía aun habiendo sido constante durante años. Por supuesto, la mayoría de esas transacciones acontecen en los llamados "mayores", los pares principales, siendo los más conocidos: EURUSD, USDCHF, GBPUSD y USDJPY.

Estos mercados son muy líquidos y millones de operadores los negocian en todo el mundo, lo que también explica el hecho de que las fluctuaciones en ellos sean limitadas. Raramente encontrará un día en que, por ejemplo, el EURUSD haya fluctuado más del 1%. Como regla general, el rango de fluctuación es mucho más bajo y, obviamente, esto tiene consecuencias para la naturaleza de estos mercados. El comportamiento de tendencia, como el que se presenta en los mercados de materias primas o acciones, es más la excepción que la regla. En la mayoría de los días de negociación, el movimiento de los mercados de divisas es principalmente lateral.

De ahí que, si negocia estrategias basadas en el comportamiento de tendencia (tales como estrategias de seguimiento de tendencia), no le irá muy bien en dichos mercados. Sería mucho mejor si un operador de tendencia negociara algunas acciones de Nasdaq, como Apple, Amazon o Facebook.

Es así que, además de la estructura descentralizada de los mercados cambiarios, encontramos su segunda característica importante: <u>Solo en casos excepcionales,</u>

los mercados de divisas son proclives a mostrar un comportamiento de tendencia. Ello es, los pares de divisas se ejecutan lateralmente la mayoría de los días de negociación. Si no lo cree, entonces vea esta gráfica del EURUSD (Imagen 1). Es indiscutible el hecho de que, durante este período, el par muestra una clara tendencia a la baja, es decir, se observa un movimiento claramente descendente en la gráfica.

Imagen 1: EURUSD, gráfica diaria, junio - diciembre 2014

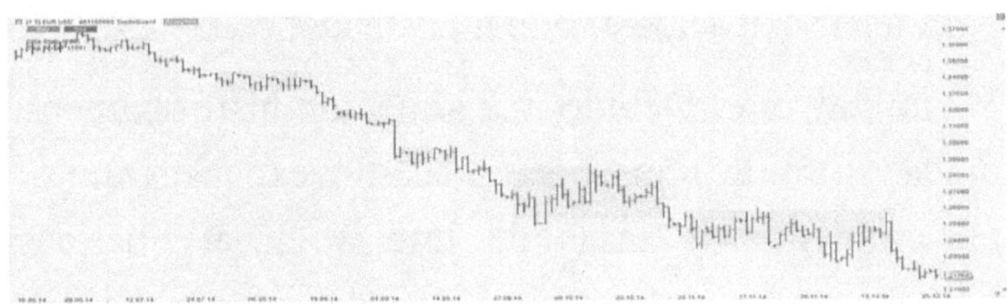

¿Será que esto no contradice lo que acabo de decir acerca de los mercados cambiarios? De ninguna manera, pues si observa de cerca encontrará que, aunque el mercado "en general" tendía a la baja, aún corría lateralmente en la mayoría de los días de negociación (bloques amarillos en el gráfico). El movimiento descendente llega como si fuera a chorros y, usualmente, de manera inesperada. La pregunta que tengo es: ¿estará usted en la posición correcta cuando ocurra el siguiente bajón?

Creo que la respuesta probablemente es clara. La mayoría de los actores del mercado, o no están posicionados o incluso lo están incorrectamente al momento en que esto sucede.

En otras palabras, es muy difícil tener éxito en los mercados de divisas con las estrategias de seguimiento de tendencias. Se necesita tener mucha paciencia (en algunas fases de la tendencia a la baja mostrada arriba, ¡el EURUSD se movió lateralmente durante treinta días!) o ser un inversor que no mira los gráficos diarios.

No obstante, si usted es un operador y desea ganar dinero negociando pares de divisas, tendrá dificultades para tener éxito apostando a las tendencias.

Y aún hay más. Debido a la situación históricamente única, durante años hemos estado experimentando un ambiente de tasas de interés en el que casi pudiera hablarse de la abolición del interés. Este es, particularmente, el caso en la zona euro (a partir de julio de 2019), donde el Banco Central Europeo (ECB, por sus siglas en inglés), artificialmente y durante años, estableció los tipos de interés en 0. ¿Qué cree usted que significa esto para el mercado cambiario, el cual se sabe estar determinado por la tasa de interés del país respectivo (o el área monetaria, tal como en la zona euro)? Esto, ciertamente, significa que la volatilidad es casi inexistente. Observe esta tabla de volatilidad histórica en el EURUSD, y entenderá lo que estoy diciendo.

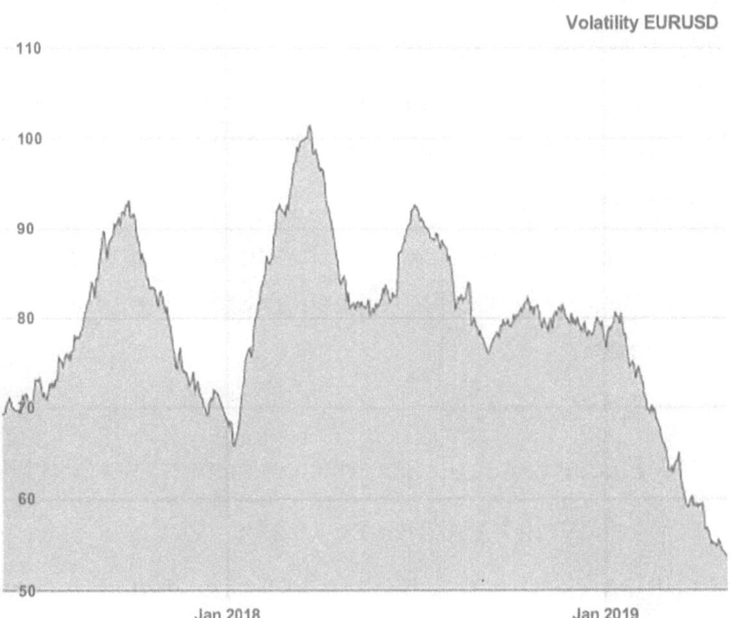

Imagen 2: EURUSD volatilidad diaria

En este sentido, si para principios de 2018 aún existía una buena fluctuación diaria de 100 pips en el EURUSD, un año después tan solo fue de 52 pips. Esto significa que, como operador, puede esperar una fluctuación máxima diaria de 52 pips en este par de divisas. Nota: Fluctuación máxima. Se mide desde el valor alto al valor bajo del día, y no se conoce ningún operador a nivel mundial que sea capaz de negociar ambos extremos en el día y obtener beneficio de ello. Si existiese alguna ganancia, entonces, claro está, esta sería menor a 52 pips.

Lo que se traduce en que el mayor par de divisas a nivel mundial se mueve menos del 0,5% por día de negociación.

Sabiendo esto, debería preguntarse si vale la pena operar en ese mercado, siendo que apenas tiene movimiento.

Resumamos. El mercado de divisas está actualmente (a partir de julio de 2019) caracterizado por 3 factores especiales:

1. Alta liquidez

2. Fluctuaciones diarias principalmente menores al 1%

3. Volatilidad históricamente baja

Al observar estos tres hechos, al lector le queda claro que cualquier operador tendrá dificultades para tener éxito en este mercado con técnicas tradicionales de operación.

De lo que se deduce que el mercado cambiario funciona mejor con estrategias que tengan en cuenta las peculiaridades mencionadas anteriormente. Puede haber excepciones a esta regla (la crisis financiera de 2008 y la crisis del euro de 2012 fueron tales excepciones). Aun así, las especificaciones anteriormente referidas aplican el 80% de las veces. Un operador cambiario, por lo tanto, hace bien tomándolas en serio y teniéndolas en cuenta al elegir cuál o cuáles estrategias utilizar.

Es por ello que se me ocurrió la idea de presentar algunas, ya probadas y comprobadas, que reflejan con precisión estas peculiaridades y que son fáciles de entender e implementar. Existe un requisito previo: que reiteradamente ocurran ciertos fenómenos y patrones en el mercado cambiario, y los operadores intenten obtener ganancias de esto.

Estrategia 1:
La estrategia del número redondo

Quienes estudian gráficos de pares de divisas encontrarán que el mercado frecuentemente activa el llamado "número redondo" y, temporalmente, nuevamente comienza a correr en dirección opuesta. Por "número redondo" quiero decir, por ejemplo: 1,1200 en EURUSD o 0,9800 en USDCHF o 1,3200 en USDCAD.

Desde luego, no afirmo que el mercado siempre cambia al alcanzarse este número redondo, es decir, tan pronto como, por ejemplo, el EURUSD se cotice en 1,1200 o 1,1100. Sin embargo, he observado que hay más órdenes de compra o venta en torno a estos números redondos, todas las cuales deben ejecutarse tan pronto como el EURUSD alcance ese nivel. Y, ciertamente, esto tiene consecuencias en la tendencia de precios. Así, la primera estrategia trata de capitalizar este hecho asumiendo la "posibilidad" de que el mercado cambie, al menos temporalmente.

<h1 style="text-align:center">Imagen 3: USDCAD, gráfica horaria</h1>

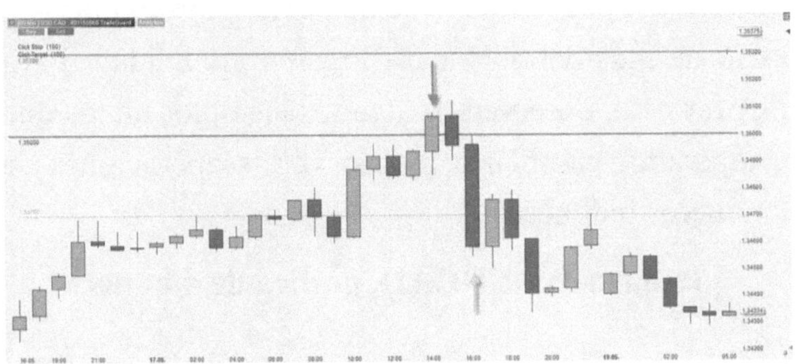

La imagen 3 muestra un ejemplo de cómo funciona esta sencilla estrategia. La línea del medio representa el nivel del número redondo. Al momento de la captura de pantalla, era 1,3500 en el par de divisas USDCAD. En este caso, el operador coloca una orden limitada de venta exactamente en 1,3500 (flecha roja superior) con un cierre automático de protección (*stop loss*) de 30 pips, esto es, 1,3530. La línea roja horizontal superior, muestra el nivel de *stop loss*. El precio objetivo es 30 pips más bajo y espera por alcanzar 1,3470 (línea verde horizontal inferior). El mercado alcanzó este precio objetivo al cabo de dos horas (flecha verde inferior). Como puede observarse, esto se hizo sin alcanzar la orden de protección *stop loss* establecida en 1,3530.

Correspondientemente, el operador crea un "campo de acción" de un total de 60 pips: treinta pips de riesgo y treinta pips de probabilidad. Es así que trabaja con una relación riesgo - recompensa de 1:1. Arriesga 30 pips para ganar exactamente 30 pips. Si tiene razón en el 50% de los casos, ganará tantos pips como los que pierda, por lo que tiene que conseguir una tasa de éxito de más del 50% para lograr rentabilidad. Para ilustrar esto, observemos algunos ejemplos en los que el operador cambiario realizó varias operaciones de "números redondos".

Imagen 4: USDCAD, gráfica de 4 horas

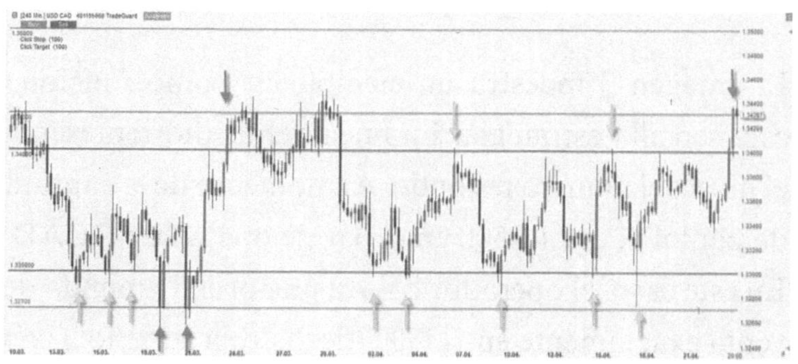

En este ejemplo, el operador realizó un total de 14 operaciones. Las flechas verdes simbolizan las "operaciones ganadoras" y las rojas, "las operaciones perdedoras". Hubo 10 operaciones largas y 4 operaciones cortas. El par se desplazó en un movimiento lateral en esta etapa, estando aproximadamente entre 1,3400 y 1,3300 (entre las líneas horizontales azules interiores). Como puede verse, la mayoría de las veces el par giró en torno al número redondo. Diez de las catorce operaciones terminaron en ganancias, dando como resultado el siguiente rendimiento:

Operaciones rentables: 10 x 30 pips   =   300 pips

Operaciones a pérdida: 4 x 30 pips   = -120 pips

Total: **180 pips**

El operador pudo, por tanto, generar 180 pips de resultado en este período, lo que corresponde a una tasa de éxito del 71,43%. Esto, por descontado, es excelente, pero no debe olvidarse que está trabajando con una relación riesgo - recompensa de 1:1, con lo cual tiene que alcanzar una tasa de éxito superior al 50% para poder obtener rentabilidad.

En el siguiente ejemplo veremos que esto no siempre es tan fácil.

Imagen 5: USDCHF, gráfica de 4 horas

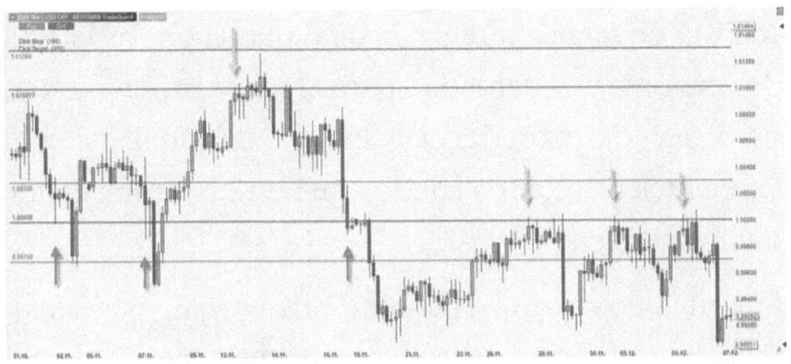

Aquí, el operador negoció el par de divisas USDCHF (Dólar estadounidense – Francos suizos), cotizándose entre 1,0000 y 0,9900 durante este período. En otras palabras, el par giró en torno a la llamada paridad (1 a 1), lo que significa que obtuvo exactamente un franco suizo por dólar.

Tal par tocó el "número redondo" siete veces durante este lapso y el operador logró concretar 7 operaciones. Sin embargo, no fue tan exitoso aquí como en el USDCAD. Pudo completar cuatro operaciones: una con ganancia y las otras tres con una pérdida, alcanzando el siguiente resultado:

Operaciones rentables: 4 x 30 pips	= 120 pips
Operaciones a pérdida: 3 x 30 pips	= -90 pips
Total:	**30 pips**

Puede observarse que el operador tuvo que "trabajar" mucho más para obtener un beneficio, pero aun así, fue un beneficio. Cuatro operaciones ganadoras en siete equivalen a una tasa de éxito del 57,14%. Este segundo ejemplo muestra una apreciación más realista de esta estrategia, la cual pudiera parecer una decepción o una debilidad para algunos principiantes, pero en mi experiencia, estos continúan siendo excelentes resultados con los que un operador puede vivir muy bien.

Supongamos que el operador eligiese esta estrategia. Realiza un promedio de 20 operaciones mensuales, su tasa de éxito ronda el 60% y logra el siguiente resultado mensual:

Operaciones rentables: 12 x 30 pips	= 360 pips
Operaciones a pérdida: 8 x 30 pips	= -240 pips
Total:	**120 pips**

En este caso, el operador obtendría una ganancia promedio de 120 pips mensuales. Esto pudiera parecer "decepcionante" para algunos, especialmente si se parte de la muy optimista suposición de que con operaciones diarias o especulando con los tipos de cambio, pueden obtenerse 50 pips diariamente. Puedo decirle, por experiencia propia, que muy pocos operadores (si los hubiere) logran eso.

Pero tener un rendimiento mensual robusto de 120 pips, es bastante factible para cualquier operador que utilice esta estrategia. Incidentalmente, depende del tamaño de la posición (lo que 120 pips signifiquen para usted en dólares). Si negocia con el llamado mini lote (USD 10.000), no se enriquecerá con un retorno de USD 120 mensuales, pero si negocia un lote estándar (USD 100.000), entonces podría ganar USD 1.200 mensuales.

Empero, si está en condiciones de lograr este resultado regularmente, verdaderamente tiene todas las puertas abiertas para una carrera exitosa como operador cambiario. Podría, entonces, ascender con su propio capital y, pronto, negociar dos o tres lotes estándar. O podría poner sus habilidades a disposición de inversores de todo el mundo que deseasen "capitalizar" la cuenta comercial suya. En este caso, podría entonces comenzar a operar con posiciones mucho más altas.

Es más probable que obtenga un ingreso de más de USD 10.000 mensuales de esta forma. En mi libro: "How to start a trading business with USD 500 [*Cómo iniciar un negocio de mercado con USD 500*] ", expliqué cómo hacer esto.

La estrategia de la cifra redonda funciona bien con los siguientes pares de divisas: USDCAD, USDCHF, AUDUSD, NZDUSD, EURJPY, USDJPY, EURGBP y EURCHF.

Particularmente, preferiría evitar los pares mejor conocidos – EURUSD y GBPUSD – con esta estrategia. Con ellos obtendrá resultados por debajo del promedio con la estrategia de 30 pips, pues muchos operadores cambiarios en todo el mundo los negocian, haciendo que las posibilidades de rentabilidad sean muy bajas.

La estrategia es simplemente una "estrategia de establecer y olvidar". Esto significa que siempre debe trabajar con órdenes *bracket*. Establezca una orden limitada de compra o de venta en el número redondo, dependiendo de si desea ir largo o corto. A su vez, su orden activa un precio objetivo de 30 pips y una orden *stop loss* de 30 pips. Una vez la orden esté colocada en el mercado, puede apagar la computadora porque es el mercado el que decide cuál se alcanzará primero: el precio objetivo o la protección.

Es así que es posible negociar esta estrategia, incluso si aún tiene un trabajo diario. Puede hacerlo estableciendo, en la mañana, sus límites en los pares de divisas en los que desea operar, y gracias a las órdenes *bracket*, no necesita cuidar las operaciones.

Estrategia 2:
La estrategia "Stop Hunting"

La segunda estrategia es una simple "estrategia de empuje", basada en la suposición de que a los grandes jugadores en el mercado de divisas les gusta "cazar" *stops* en el número redondo. Aunque todos saben que su *stop* no debe colocarse en el número redondo, muchas órdenes *stop* continúan colocándose a ese nivel, principalmente a través de participantes del mercado institucional.

La idea de esta estrategia es precisamente poder suponer que, tan pronto como el mercado se acerque al número redondo, los operadores de empuje "cazarán" el número redondo (y los *stops* que allí esperan). La estrategia asume que, si el mercado está a solo 15 pips del número redondo, generalmente lo obtendrá. La siguiente imagen ilustra esta estrategia.

Imagen 6: USDCAD, gráfica a 15 minutos

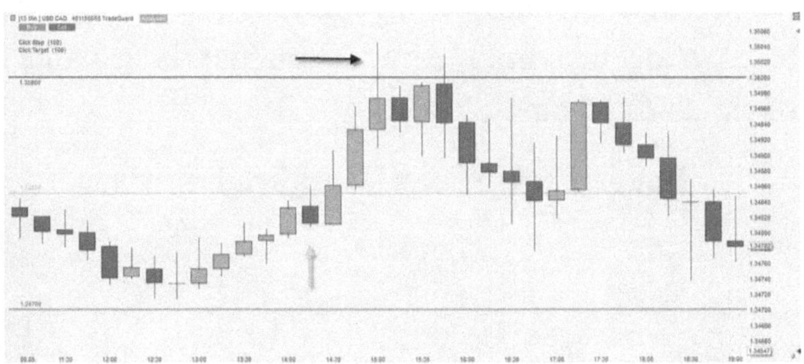

En este ejemplo, en el par de divisas USDCAD, el mercado se acercó al número redondo 1,3500. Tan pronto como esto sucede, el operador coloca una orden *stop-buy* (orden stop de compra) en 1,3485, es decir, 15 pips por debajo del número redondo (flecha verde inferior). Como puede verse, el mercado alcanzó el precio objetivo (línea horizontal superior y flecha) después de cuatro velas. La línea horizontal roja inferior muestra el nivel *stop loss*, el cual estaba 15 pips por debajo de la entrada, es decir, 1,3470.

El operador intenta beneficiarse de la "corrida" esperada en el número redondo. Los últimos 15 pips, por así decirlo. Está dispuesto a correr 15 pips de riesgo porque asume que es mayor la probabilidad de llegar al número redondo antes de que el mercado retroceda.

Nuevamente, el operador trabaja con una relación riesgo - recompensa de 1:1. Arriesga 15 pips para ganar 15 pips. Esta estrategia es fácil de implementar con órdenes *bracket*. Si el operador deja su mesa de negociación después de la entrada, puede regresar al cabo de una hora para determinar la ganancia obtenida de 15 pips.

Imagen 7: USDCAD, gráfica horaria

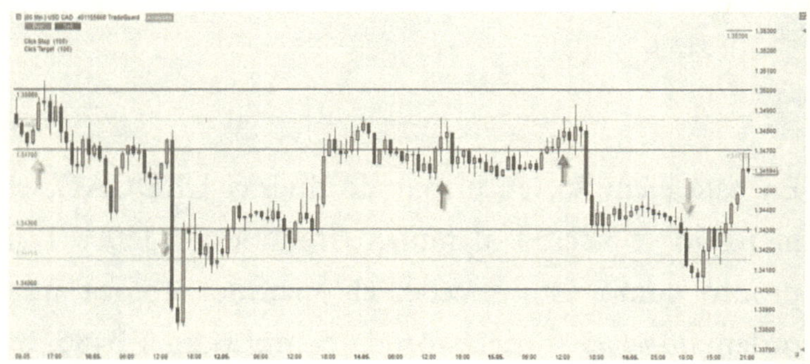

En este ejemplo, el operador realizó cinco operaciones con esta estrategia, de las cuales tres fueron operaciones ganadoras (flechas verdes) y dos fueron operaciones perdedoras (flechas rojas). En general, el operador fue largo cuatro veces justo antes de la marca de 1,3500 y corto una vez, justo antes de la marca de 1,3400. El objetivo de ganacia de 15 pips y la distancia de 15 pips de *stop loss*, enmarcan el "campo de acción" de esta sencilla estrategia.

Se reitera, el operador también debe esperar que regularmente ocurran transacciones de pérdidas. Como es usual, ello depende de la relación entre las operaciones de pérdidas y las de ganancias, la cual, con suerte, se decidirá en favor del operador. En el ejemplo de la Imagen 7 obtuvimos el siguiente resultado:

Operaciones rentables: 3 x 15 pips   = 45 pips
Operaciones a pérdida: 2 x 15 pips   = -30 pips

Total: **15 pips**

Tal como se observa, el resultado de esta estrategia parece modesto a primera vista, pero esta tasa de éxito del 60% me parece alcanzable con algo de práctica. Con esta estrategia, también evitaría los dos pares EURUSD y GBPUSD y me concentraría en la lista anteriormente referida de la Estrategia 1. Curiosamente, la mayoría de los novatos negocian EURUSD y GBPUSD, aun cuando comprobadamente son los pares más difíciles de negociar.

Considere el mercado cambiario como un juego de probabilidades

Evidentemente, son factibles las variantes de estas dos estrategias y existen operadores que negocian ambas con parámetros ligeramente modificados. Antes de cambiar los parámetros en las estrategias que he presentado aquí, primero debe probar las modificaciones, por un tiempo, antes de operar en vivo.

El mercado cambiario es un juego muy diferente a los mercados de acciones o futuros, es por ello que debe abordar el asunto con las estrategias correctas (ajustadas al mercado). Como dije al principio, en mi opinión, las "estrategias de rango", basadas en un despegue rápido de algunos pips, son las mejores en el mercado monetario debido a sus tres características anteriormente mencionadas.

Ambas estrategias son buenos ejemplos de cómo gradualmente construir un negocio de *trading*, basado en probabilidades calculadas. Dado que los patrones en las operaciones cambiarias se repiten reiteradamente, puede abordar el asunto con métodos muy simples y dejar que las matemáticas funcionen para usted en el largo plazo. Como sabe, solo necesita obtener un poco más de beneficios que de pérdidas para ganar una fortuna en el mercado de divisas. Por eso creo que es mejor abordar las cosas sistemáticamente. Las dos estrategias presentadas aquí son un primer paso en esa dirección.

27

PARTE 2:
DOS ESTRATEGIAS
CON PIVOTES SEMANALES

Cómo negociar los pivotes semanales

Al igual que en las dos estrategias con el número redondo (Parte 1 de esta serie), así también me gustaría presentar dos estrategias con "pivotes semanales". En caso de que no estuviese familiarizado con el concepto de pivotes, brevemente explicaré lo que ellos significan.

Los puntos pivote, o simplemente "pivotes", fueron originalmente desarrollados por operadores de piso en los mercados de materias primas, a objeto de determinar posibles puntos de inflexión. Existe una distinción entre el pivote en sí, y los tres niveles de resistencia y soporte. El pivote es el punto vitalmente importante del día de negociación, siendo este el promedio entre los precios altos, bajos y cercanos del día de negociación anterior. Si el par de divisas se está negociando por encima del pivote, esto generalmente indica una tendencia alcista. Por el contrario, si se está negociando por debajo, los operadores de pivote son bajistas y será más probable que tomen posiciones cortas.

Los tres niveles de soporte y resistencia, los cuales también se calculan en base al día de negociación previo, son igualmente importantes, sirviendo al operador de pivote como posibles niveles de entrada para las operaciones o como potenciales objetivos de precio.

Al igual que diariamente pueden calcularse los puntos de pivote, así también pueden ser calculados semanal o incluso mensualmente. La mayoría de las plataformas de *trading* ya lo implementan automáticamente, requiriendo unos pocos clics para instalarlos en un gráfico.

Imagen 1: USDJPY, gráfica de pivotes semanales, 4 horas, 30/9 al 4/10/2019

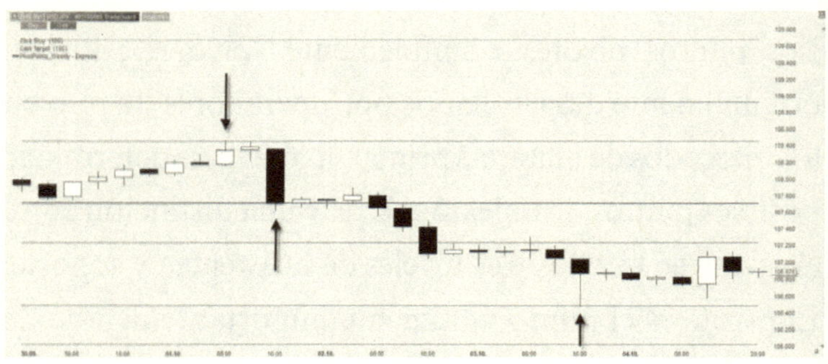

La imagen 1 muestra los pivotes semanales de la semana comprendida entre el 30 de septiembre y el 4 de octubre de 2019, en el par USDJPY. Las siete líneas horizontales fueron automáticamente calculadas por la plataforma de mi corredor, en base a los datos de cierre de la semana anterior. La línea media es el pivote en sí mismo. Sobre él, pueden verse las tres resistencias R1, R2 y R3, y por debajo, los tres niveles de soporte S1, S2 y S3.

Como se observa, el par USDJPY se negoció primero en la dirección del nivel R1, alcanzándolo con bastante precisión alrededor del mediodía del 1 de octubre, para luego regresar al pivote semanal por la tarde. Al día siguiente, se negociaba por debajo del pivote, alcanzando S1 en la tarde, cayendo luego y llegando al nivel S2 la tarde del 3 de octubre.

Aparte de haber tocado S1 el 2 de octubre, el mercado giró casi justo en cada nivel de pivote. A veces esto sucede precisamente en un pip. Sobra decir que, como operador, puede tomarse ventaja de ello.

La idea de las dos estrategias de pivote, que aquí presento, es similar a las estrategias de números redondos. Tan solo las he adaptado al concepto de pivotes. ¡Los pivotes semanales, no los diarios!

Antes de examinar las estrategias más de cerca, primero deberíamos tocar un aspecto importante del cálculo del pivote.

Imagen 2: USDCAD, pivotes semanales desde el 30/9 al 18/10/2019

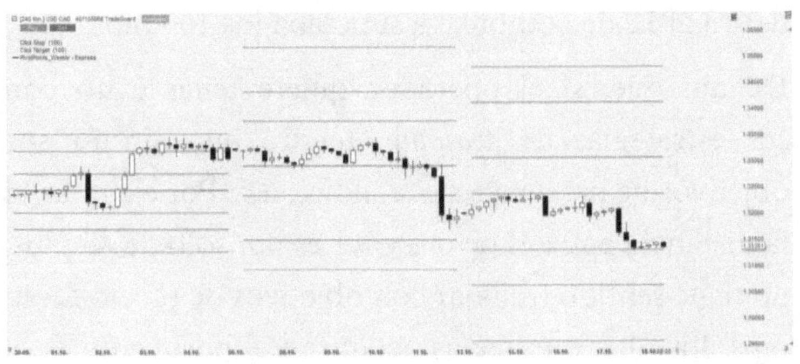

Veamos más de cerca la imagen 2. En ella se muestran las líneas pivote de las tres semanas transcurridas entre el 30 de septiembre y el 18 de octubre, para el par de divisas USDCAD. Es fácil observar que ellas están muy próximas en la semana comprendida entre el 30 de septiembre y el 4 de octubre (a la izquierda de la gráfica). En esa semana, la distancia entre las líneas individuales fue de apenas 30 pips. Habla por sí mismo que las estrategias de reventa (*scalping*) dirigidas a objetivos de 15 o incluso 20 pips, son difíciles de implementar aquí. Veremos el porqué de ello cuando analicemos más de cerca las dos estrategias.

En la semana del 6 al 11 de octubre, los niveles fueron mucho más amplios. Esto se debió al hecho de que repentinamente aumentó la volatilidad en la semana previa, y por cuanto las nuevas líneas pivote se calculan en base a los datos de cierre de la semana anterior, las mismas fueron mucho más amplias. Aquí, la distancia entre el pivote y R1 fue de 87 pips. Esto, por supuesto, es mucho mejor para operar. En la semana siguiente, del 13 al 18 de octubre, ya superaba los 100 pips.

De ahí que, si el operador quiere tener éxito con sus estrategias de *scalping*, tendrá que ajustar sus objetivos de precio a estas condiciones. Por ejemplo, si la distancia entre el pivote y R1 es tan solo de 40 pips, no tiene sentido trabajar con objetivos de precio de 20 pips. Las dos estrategias aclararán el porqué de esto.

Si la distancia es de 87 pips, al igual que en la segunda semana de la figura 2, los objetivos de precio de 20 pips parecen tener sentido para mí.

Otra razón por la cual el operador debería evitar semanas con líneas pivote con mucha proximidad es el hecho de que, en tales semanas, dichos pivotes apenas son percibidos por los participantes del mercado. Al nuevamente observar la primera semana en la figura 2, puede verse que, el 2 de octubre, el par USDCAD inició un repunte ligeramente por encima de S1, lo que lo llevó casi a R3 en el lapso de unas pocas horas. En el camino, el par rozó el pivote, R1 y R2, y después casi alcanzó R3. Esto es bueno cuando el operador está trabajando con estrategias basadas en alcanzar con rapidez las líneas pivote. Por supuesto, no es tan bueno si su propósito es lo contrario.

En el primer caso, al principio pareciese ser favorable, porque el mercado alcanza el precio objetivo rápidamente. Sin embargo, si solo se tiene un rango de 30 pips, el problema radicará en encontrar un punto de entrada razonable. ¿Dónde sería deseable ingresar si la distancia entre el pivote y R1 fuese de solo 35 pips, especialmente trabajando con precios de 15 o incluso 20 pips?

Como regla general, evitaría rangos menores a 60 pips. Con 60 pips, al menos puede operarse con objetivos de precio de 15 pips, pues corresponden a ¼ del rango.

Eso tiene sentido para mí. No tocaría nada por debajo de eso.

En *forex*, la mayoría de los operadores de pivote trabajan con pivotes diarios. Es decir, con niveles de pivote calculados diariamente en base a los datos de precios del "día anterior" aunque, estrictamente hablando, en *forex* no existe tal cosa. Razón suficiente para no hacerlo. Prefiero negociar los pivotes semanales, principalmente, porque siento que son más confiables que los diarios. Con esto quiero decir que los niveles construidos basados en los datos de la semana precedente son más propensos a ser tomados en cuenta por los grandes jugadores que los niveles del día previo.

Por lo tanto, las dos estrategias intentan <u>negociar operaciones a corto plazo basadas en datos a mediano plazo</u>. Esto puede sonar poco ortodoxo para algunos operadores, pero a partir de los ejemplos, veremos que dicho enfoque puede ser bastante rentable.

Estrategia 1: Operar el Pivote

Esta estrategia es una variación de la primera, referida al número redondo, pero aquí la aplicamos a los pivotes semanales. Tal como claramente muestra el ejemplo en la figura 1, los participantes del mercado tienden a respetar los niveles de pivote semanales *al primer toque*. Y la expresión "al primer toque" es, por lo tanto, significativa. El operador solo debe negociar el primer toque. Puede aguantar más toques con la misma línea de pivote sin peligro.

En tres de los cuatro casos de la figura 1, el mercado alcanzó el nivel de pivote casi con precisión, después de lo cual giró en la dirección opuesta. En esta estrategia queremos aprovechar este hecho, colocando órdenes limitadas en los niveles de pivote y especulando en un contramovimiento de 15 pips. Una vez más, utilizamos órdenes *bracket* donde, una vez ejecutada la operación, en el mercado automáticamente se activan una orden *stop* y una de toma de ganancias (*take profit order*). Es así que nada queda al azar. Nuevamente, los parámetros son claros y fáciles de entender. Establecimos un precio objetivo de 15 pips con un riesgo de 15 pips, igualmente. Esto significa que estamos trabajando con una relación riesgo - recompensa 1:1.

Dicho esto, la estrategia debe alcanzar una tasa de éxito superior al 50% a los fines de ser rentable. Primeramente, veamos un ejemplo de la estrategia.

Figura 3: USDCAD, gráfica de 15 minutos, 7 de octubre de 2019

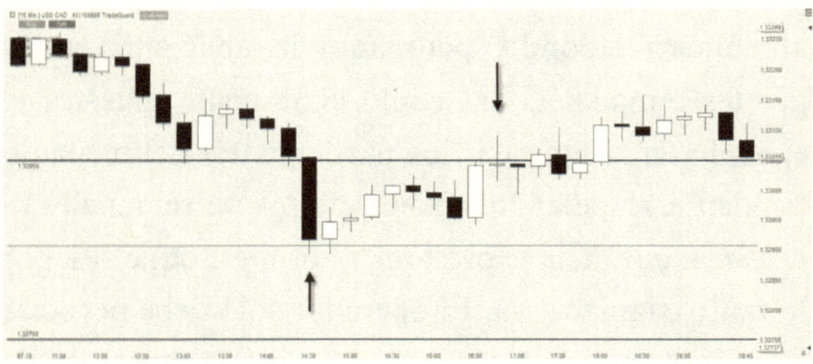

En este ejemplo, el operador esperaba que el par USDCAD girase en el pivote y realizase al menos un contramovimiento de 15 pips. La línea media de la imagen representa el pivote para esa semana, en 1,3290. El límite de compra estuvo esperando ahí. La línea superior representa el precio objetivo, el cual estuvo 15 pips más alto, en 1,3305. La línea horizontal inferior fue el nivel de *stop*, en 1,3275. Tal como muestra el ejemplo, el par USDCAD alcanzó el pivote a las 14:30 (hora europea) y giró casi con precisión (flecha inferior izquierda). El par alcanzó el precio objetivo a las 16:45 (flecha superior derecha). La operación nunca estuvo en peligro.

Ahora veremos dos semanas de "operar el pivote" en el par de divisas USDJPY.

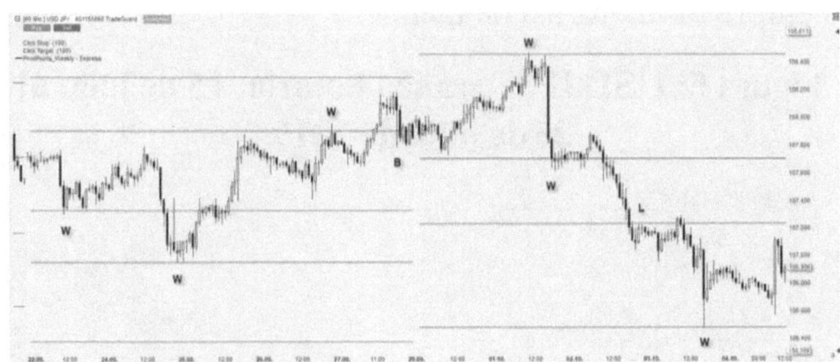

El operador tuvo dos semanas excelentes en el par USDJPY. En total, fue capaz de ejecutar ocho operaciones: cuatro en cada una. En el gráfico, marqué las operaciones rentables con la letra W (ganancia, por su sigla en inglés) y las operaciones a pérdida con L (pérdida, por su sigla en inglés). Solo hubo una pérdida, el 2 de octubre. Aquí, el mercado alcanzó el *stop*. Marqué la última operación de la primera semana como B (*break even*), o punto de equilibrio. Esta operación apenas se movió y, por ello, pudiera clasificarse como una operación *break even*, puesto que el operador la cerró al mismo precio de entrada. Así es cómo se ve el resultado de dos semanas de operación en el par USDJPY:

Operaciones rentables: 6 x 15 pips   = 90 pips
Operaciones a pérdida: 1 x 15 pips   = -15 pips
Operaciones break even: 1 x 0 pips   =   0 pips

Total: **75 pips**

Por supuesto que esos resultados son excelentes, pero como muestra el siguiente ejemplo en la figura 5, no siempre funciona así de bien.

Figura 5: USDJPY, gráfica horaria, 15 de julio al 26 de julio de 2019

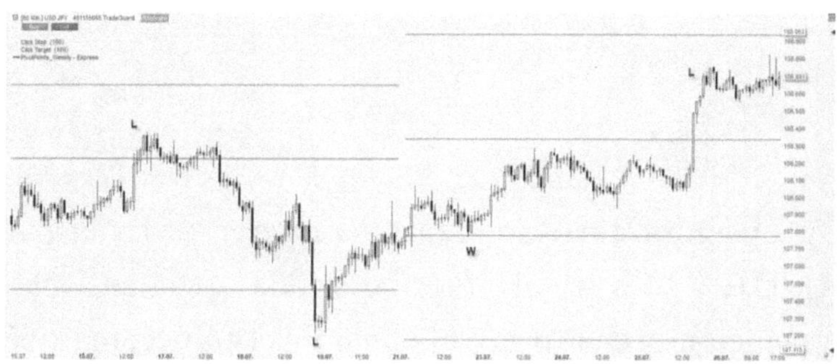

En estas dos semanas, el mercado solo tocó el pivote o las líneas de resistencia/soporte cuatro veces, y solo uno de estos toques condujo al éxito. Los otros tres resultaron en pérdidas. Obviamente, los participantes del mercado estuvieron menos inclinados a respetar los pivotes semanales durante este período, incluso en el primer toque, el cual frecuentemente conduce a un rebote en la dirección opuesta, lo que en sí, es la premisa de esta estrategia.

En caso de que la operación se detuviese en el primer intento y el mercado tomase un nuevo comienzo en la línea de pivote objetivo, pudiese surgir la pregunta de si debería volverse a operar. Yo sería cauteloso en esto. Que el mercado se detenga en el primer intento suele ser señal de que "el mercado" no está particularmente preocupado por los pivotes semanales. En mi experiencia, es mejor esperar a que surja una nueva oportunidad en otra línea de pivote, bien sea hacia arriba o hacia abajo.

Con este tipo de estrategias, debe entenderse que <u>la paciencia da resultado</u>. A veces, un par de divisas no funciona muy bien por espacio de dos semanas, tal como puede observarse en la figura 5, pero eso no significa que la estrategia no funcione a largo plazo. La figura 4 muestra que en ocasiones pueden lograrse resultados bastante buenos. Si se toman los resultados de la imagen 4 y la imagen 5, conjuntamente, se obtiene una apreciación objetiva de la estrategia.

Operaciones rentables: 7 x 15 pips	=	90 pips
Operaciones a pérdida: 4 x 15 pips	=	-60 pips
Operaciones break even: 1 x 0 pips	=	0 pips
Total:		**30 pips**

Es así que el resultado total de cuatro semanas de negociación en el par **USDJPY** fue de 30 pips, dándole a la estrategia una tasa total de éxito de 58,33%, y el operador logrando un resultado promedio de 2,5 pips por operación, lo cual puede no ser muy espectacular, pero en mi opinión es realista.

Bajo estas condiciones, si un operador quisiese alcanzar un objetivo mensual total de 100 pips, debería ejecutar al menos 40 operaciones (2,5 x 40 = 100 pips). Si, como promedio, tomásemos el número de 12 operaciones en el par USDJPY, tendría que ejecutar la estrategia en al menos otros siete pares de divisas para obtener el resultado deseado.

No obstante, aquí deberíamos actuar con precaución. Los operadores *forex* experimentados saben que, si el desempeño de un par de divisas no es particularmente bueno, con frecuencia, el de los otros pares de divisas tampoco lo es. Es por ello que no recomendaría utilizar la misma estrategia en un número tan grande de "diferentes" pares de divisas. Todos los pares de divisas están fuertemente correlacionados, lo que significa que frecuentemente muestran resultados parecidos. Asimismo, debe recordarse que el dólar siempre está involucrado, bien sea directa o indirectamente. Aun si el par de divisas no contuviese el término "dólar" en su nombre, como es el caso de GBPJPY o EURCHF, la fortaleza o debilidad del dólar siempre tendrá una influencia.

En otras palabras, cuantos más pares de divisas se operen con una estrategia similar, mayor será el llamado *riesgo cluster*. Este riesgo ocurre cuando unilateralmente se ha invertido en demasiados instrumentos del mismo tipo de activos.

Prefiero recomendar distribuir el riesgo dejando de agregar pares de divisas a una estrategia, y más bien operar diferentes estrategias con distintos objetivos de precio. Entraré con más detalle en esto en la cuarta parte de esta serie de libros.

Estrategia 2:
La estrategia de "los últimos 20 pips"

Al igual que la estrategia *stop-hunting* con el número redondo, la de los últimos 20 pips está basada en el supuesto de que cuando el mercado se acerca a uno de los pivotes semanales, generalmente lo alcanzará. Esto significa que los operadores de empuje impulsarán el par hacia el pivote semanal, una vez que esté a solo unos pocos pips de distancia de este último. En tal sentido, la estrategia de los últimos 20 pips es una estrategia de empuje, pues se basa en el impulso final que se origina tan pronto como el precio pareciese estar cerca del nivel de pivote.

La razón por la que sucede es básicamente la misma que con la estrategia de números redondos. Las líneas de pivote, y especialmente las líneas de pivote semanales, ejercen una "fuerza magnética" sobre los precios a medida que se aproximan a ellos. Adicionalmente, los participantes del mercado asumen que este cambiará al alcanzar ese nivel.

Esto sucede más aún cuando el mercado está en una fase lateral. Muchos operadores consideran que los niveles de pivote son objetivos de precio para las operaciones existentes. Por supuesto, también pueden usarlos como niveles de entrada. En ese caso, ejecutarían operaciones de contratendencia, como la estrategia de "operar el pivote", que cubrí en la primera parte.

Cuando el operador decide usar la estrategia de "los últimos 20 pips", es que intenta beneficiarse de ellos antes de que el mercado alcance el nivel de pivote. Aquí, nuestro precio objetivo aguarda como orden *take profit*. Usualmente, utilizo un objetivo de ganancia de 20 pips. Está claro que puedo variarlo si el par de divisas así lo requiriese (por ejemplo, en tiempos menos volátiles o cuando el par en sí mismo no fluctuase mucho). En ese caso, preferiría trabajar con un precio objetivo de 15 pips.

Sin embargo, evito los pares de divisas con una baja fluctuación diaria, como el AUDUSD o el NZDUSD, en septiembre de 2019. Aquí, el precio objetivo tendría que reducirse hasta tal punto que la estrategia apenas pudiera seguir siendo rentable. No es imposible negociar estos pares si se tienen excelentes condiciones como corredor, pero existiendo suficientes distintos pares de divisas negociables, ¿por qué dificultarlo?

Con esta estrategia, nuevamente trabajo con una relación riesgo - recompensa (RRR) 1:1, y el motivo es simple. Asumo que, si el mercado se está acercando al nivel de pivote por 20 pips, es más probable que sea atraído a este nivel de pivote a que tomase un desvío en la dirección opuesta.

Así, sabemos que necesitamos una tasa de éxito superior al 50%, a fin de operar rentablemente. Estoy consciente de que no siempre es fácil alcanzar ese objetivo, sin embargo, mi experiencia es que puede lograrse si el operador implementa la estrategia disciplinadamente. Para ser exitosa, una estrategia debe ser lógica y tan sencilla como sea posible.

Figura 6: USDJPY, gráfica de 15 minutos, 12 de septiembre de 2019

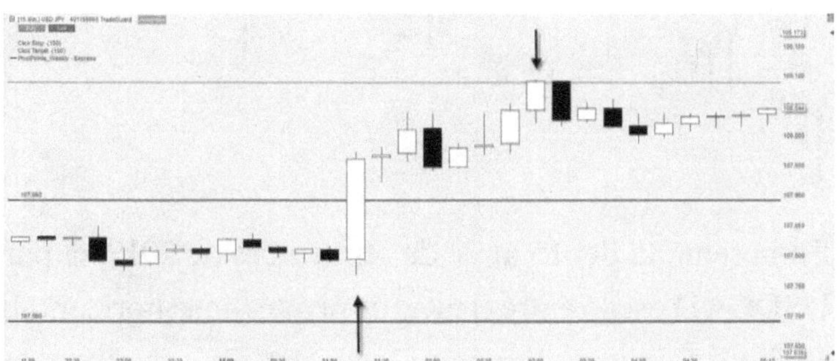

El ejemplo en la gráfica de 15 minutos del par USDJPY (fig. 6) ilustra la estrategia. La línea horizontal superior representa el nivel R2 (Resistencia 2). Durante esa semana estuvo en 108,09, siendo el precio objetivo para la operación. La línea media estuvo 20 pips por debajo de R2, y representó el nivel de entrada en 107,89. Esta entrada se activó cuando el par USDJPY alcanzó este nivel (flecha, abajo a la izquierda). Finalmente, el nivel de *stop loss* estuvo esperando 20 pips por debajo, en 107,69 (línea horizontal, hacia abajo). Como puede verse en el gráfico, el mercado alcanzó el precio objetivo bastante rápido (flecha superior derecha), sin tocar el nivel de *stop*.

Este no siempre es el caso, como se muestra en el siguiente ejemplo del gráfico horario de USDCAD.

Figura 7: USDCAD, gráfica horaria, del 15 al 22 de septiembre de 2019

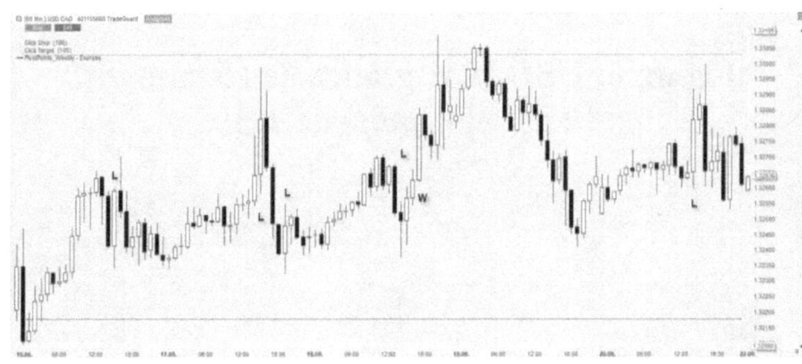

En la semana del 15 al 22 de septiembre de 2019, el par USDCAD osciló entre el nivel de pivote (línea horizontal, abajo) y R1 (línea horizontal, arriba). Esto sucede con bastante frecuencia. Los mercados de divisas rara vez alcanzarán el pivote semanal R3 o S3, lo que generalmente acontece cuando el par muestra mayormente un comportamiento de tendencia. Por cuanto sabemos que los mercados de divisas tienden a operar lateralmente la mayor parte del tiempo, la negociación se realizará principalmente en torno al pivote semanal. Los objetivos de precio suelen ser R1 o S1, o el pivote en sí mismo, como se muestra en la figura 7.

Al final, el operador fue capaz de realizar 6 operaciones en esa semana, pero solo uno de ellas fue rentable, las otras cinco condujeron pérdidas. Estos fueron los resultados:

Operaciones rentables: 1 x 20 pips   =   20 pips
Operaciones rentables: 5 x 20 pips   = -100 pips

Total:	-80 pips

El operador sufrió una pérdida de -80 pips en este par de divisas. Este, por supuesto, es un resultado insatisfactorio, pero perfectamente normal. Todo operador tiene este tipo de semanas y, al mismo tiempo, debería ser una advertencia para aquellos operadores que creen que pueden fácilmente ganar dinero en *forex*. Nada está más lejos de la verdad. Negociar divisas es como cualquier otra forma de *trading*: es trabajo duro. Solo quienes ejecutan su(s) estrategia(s) disciplinadamente tienen posibilidad de éxito. Si se enfrenta a esas "semanas desafortunadas", también puede que experimente semanas en las que las cosas funcionan como un reloj, tal como lo ilustra el siguiente ejemplo en la figura 8.

Figura 8: USDCAD, gráfica horaria, 18 de agosto al 1 de septiembre de 2019

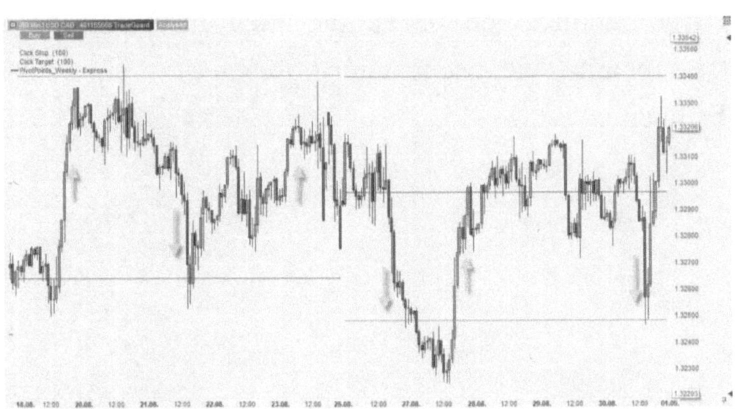

En las dos semanas entre el 18 de agosto hasta el 1 de septiembre de 2019, el operador fue capaz de ejecutar seis operaciones, todas ellas con ganancias (flechas en el gráfico). Por supuesto, uno desearía que siempre fuese así.

En relación al objetivo de ganancias de 20 pips, el operador debería permanecer flexible. Si la distancia entre el pivote y R1 es de 60 pips o menos, no tiene sentido trabajar con un precio objetivo de 20 pips. En ese caso, 15 pips debería funcionar. Si la distancia entre los dos niveles se volviese aún menor, debería dejarse de operar la estrategia.

Si sumamos los resultados de la imagen 7 y la imagen 8, tendremos una idea realista acerca de lo que realmente se trata operar en divisas.

Operaciones rentables: 7 x 20 pips = 140 pips
Operaciones a pérdida: 5 x 20 pips   = -100 pips
Total: **40 pips**

¿Una ganancia de 40 es un buen resultado para tres semanas de negociación? Respuesta: Sí, señor. Es bueno.

Deberían cambiarse los parámetros si la operación no va bien?

Como comentario final, me gustaría brevemente responder a la pregunta de si tiene sentido cambiar los parámetros de las dos estrategias con el fin de obtener un mejor resultado. Como ejemplo, el operador podría tener la idea de trabajar con un precio objetivo de 20 pips y un *stop loss* de solo 15. De esta forma, incrementaría los resultados generales de sus operaciones ganadoras. Por supuesto, eso es verdad. Sin embargo, con esta medida, probablemente reduciría su tasa de éxito al mismo tiempo. En lugar de una tasa de éxito del 58%, de repente pudiera solo lograr el 54% o incluso menos. En consecuencia, el resultado final no cambiaría mucho.

Está claro que puede considerarse cambiar los parámetros de un sistema, y seamos honestos, cada operador hace exactamente eso si las cosas no van muy bien durante cierto tiempo. La pregunta sería, entonces, si girar el tornillo de parámetro es la mejor solución en tal situación. Desafortunadamente, esta medida distorsiona sus estadísticas, cuyo análisis continuo es de suma importancia para construir un negocio de *trading* rentable (y también para convencer a los posibles inversionistas).

En mi opinión, es mejor ignorar las reducciones que se prolongan durante algunas semanas y continuar operando el sistema "estoicamente". Si resultase que, después de un período prolongado, la rentabilidad no regresase, debería seriamente considerarse sacar la estrategia del mercado.

Cambiar prematuramente los parámetros, en caso de pérdidas temporales, generalmente identifica a un operador aficionado. A menudo, quien hace esto es el operador que negocia una sola estrategia. Tener una sola estrategia activa lo hará mucho más dependiente de los resultados de ella.

Los profesionales (fondos de cobertura, o *hedge funds*, así como otros inversionistas institucionales) típicamente optan por <u>una variedad de estrategias</u> y compararlas entre sí. Si el desempeño de alguna de ellas fuese un poco menos efectivo (y siempre puede haber una o más que no funcionen muy bien), entonces compararán los resultados con datos históricos o con los resultados de las estrategias que estuviesen desempeñándose bien. Los profesionales no se ponen nerviosos por haber tenido, durante dos o tres semanas, algunas pérdidas en un par de divisas en particular.

PARTE 3:
OPERANDO CON EL MÁXIMO Y MÍNIMO SEMANAL

Introducción a operaciones con máximo y mínimo semanal

Al igual que los puntos pivote y el número redondo, los máximos y mínimos de los días o semanas previas representan niveles significativos en el gráfico que son advertidos por muchos participantes del mercado y, ciertamente, son de particular importancia para los operadores diarios. La fluctuación del mercado en torno a estos niveles señala al operador que está abandonando el rango del día anterior.

Estos puntos de precio son aún más importantes si observamos el *lapso semanal*. Al fin y al cabo, el máximo de la semana anterior significa que ese fue el precio más alto que los operadores estuvieron dispuestos a pagar por un par de divisas en particular. Por supuesto, lo mismo aplica para el mínimo de la semana anterior. Ese fue el menor precio que los operadores aún estuvieron dispuestos a pagar por el par. Nadie pagó un precio mayor o menor ningún otro día de la semana anterior.

Si en la semana siguiente el mercado vuelve a aproximarse a un nivel de precios similar, automáticamente atraerá la atención de sus participantes. Cuando esto sucede, surge la pregunta de si el mercado regresará al mismo nivel de precios (como en la semana anterior) o si lo superará, y si este evento pudiese ponerle fin a la tendencia de la semana previa.

Dicho suceso es bastante importante, pues puede significar el comienzo de una nueva tendencia o la continuación de una existente. Por ello, no es de extrañar que estos niveles de precios atraigan la atención de quienes participan en el mercado, y lo que sea que atraiga la atención, automáticamente generará el interés de aquellos operadores que gustan de saltar sobre trenes que van a toda velocidad en determinada dirección. Estos son los llamados operadores de empuje (*momentum traders*), quienes quieren beneficiarse de la atracción de tales niveles.

Por eso, análogamente a las estrategias del número redondo y los pivotes, tiene sentido desarrollar tácticas que saquen provecho de esta situación.

Si el mercado brevemente cae por debajo del máximo de la semana anterior, surge la pregunta de si será más probable que lo atraiga o no, así como si el mercado continuará moviéndose cuando alcance este nivel o si primero retrocederá unos pocos pips. Las dos estrategias que aquí se presentan tratan justamente este problema.

Acá, así como en el resto del negocio *forex*, aflora la siguiente pregunta: ¿existe una mayor probabilidad de que a largo plazo sea este escenario el que ocurra, u otro?

Si la probabilidad es apenas más alta que la probabilidad opuesta, sabremos que hemos obtenido una pequeña ventaja sobre "el mercado".

Si esto no fuese posible, y la teoría de la eficiencia resultase cierta, desde el principio, evidentemente, sería inútil siquiera considerar involucrarse con operaciones *forex*.

Operar en divisas no es más que obtener una pequeña ventaja, la cual llamamos *edge*. Por ende, es importante para los operadores de *forex* que ocurra un escenario, u otro que tenga una mayor probabilidad que su número opuesto. Para los extraños, esto puede parecer insignificante, pero un operador sabe que esta pequeña diferencia puede ser la base de un negocio de *trading* rentable.

Estrategia 1:
Persecución del máximo
y mínimo semanal

La primera estrategia trata acerca de la atracción que el máximo o mínimo de la semana anterior tiene en el precio. Comenzamos observando que tan pronto como el precio actual está a solo unos pocos pips de estos niveles, automáticamente será atraído por ellos como el metal a un poderoso imán. La estrategia "Persecución del máximo y mínimo semanal" asume que hay una mayor probabilidad de que el mercado se mueva hacia este nivel en lugar de la dirección opuesta. La figura 1 ilustra el principio de la estrategia.

Figura 1: USDJPY, gráfica de 15 minutos, 15/10/2019

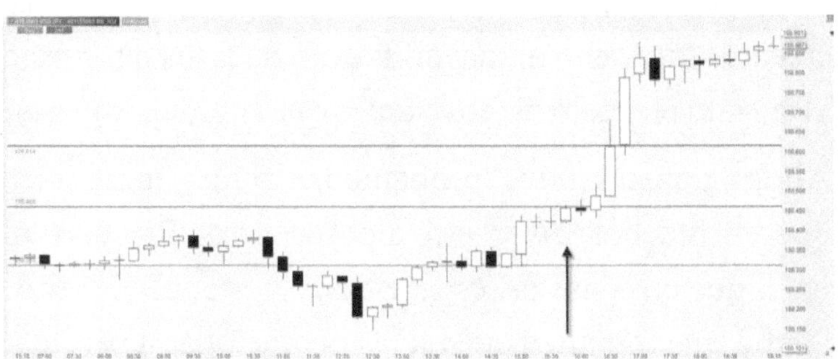

En este ejemplo, con el par USDJPY, la línea horizontal inferior, situada en 108,31, representa el nivel donde estaba esperando la orden *stop loss*, siendo 108,61 el máximo de la semana anterior (línea horizontal superior). Luego de inicialmente haberse movido lateralmente, el 15 de octubre, el mercado se aproximó a este nivel poco después del inicio de las operaciones estadounidenses, alrededor de las 15:30 hora europea. Como resultado, la orden *stop buy* se ejecutó en 108,46 (línea horizontal media y flecha en el gráfico). Un poco más tarde, el precio alcanzó el máximo de la semana anterior, y gracias a una orden *take profit* automática, la posición se cerró con una ganancia de 15 pips. Como claramente puede observarse, la operación nunca estuvo en peligro, y dado que el operador estuvo trabajando con una orden *bracket*, la orden *stop loss* automáticamente se cerró cuando el mercado alcanzó el precio objetivo.

Al igual que con las primeras cuatro estrategias de esta serie, trabajamos con una relación riesgo - recompensa de 1:1, arriesgando 15 pips para ganar 15 pips, porque creemos que en la mayoría de los casos el precio alcanzará el precio objetivo antes que la orden *stop loss*.

Ahora, por supuesto, "probabilidad" también significa que en muchos casos esto no sucederá. Por ello, al igual que en todas las estrategias, en esta, el operador tendrá que tomar en cuenta las operaciones a pérdida.

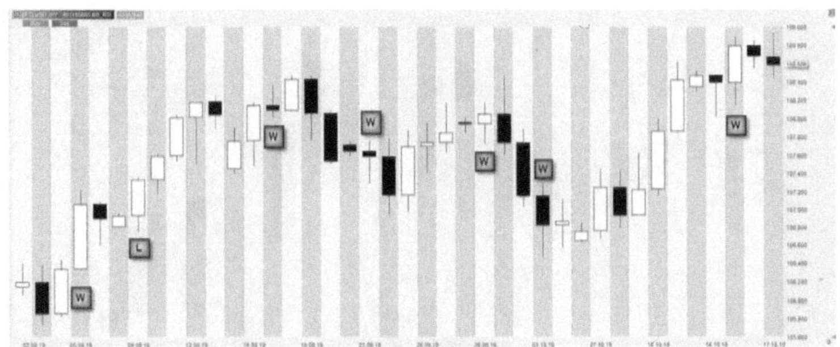

La gráfica diaria del par USDJPY ilustra el número de operaciones que en términos reales se obtendrá con esta estrategia. En total, en siete oportunidades el par alcanzó el mínimo o máximo de la semana previa, y en seis de ellas, la operación alcanzó el precio objetivo. Solo una vez, el 9 de septiembre, hubo pérdida. Para este período, el resultado es el siguiente:

Operaciones rentables: 6 x 15 pips　　= 90 pips
Operaciones a pérdida: 1 x 15 pips　　= -15 pips
____
Total:　　　　　　　　　　　　　　　**75 pips**

Obviamente, este es un excelente resultado, pero no siempre debe esperarse en esta estrategia.

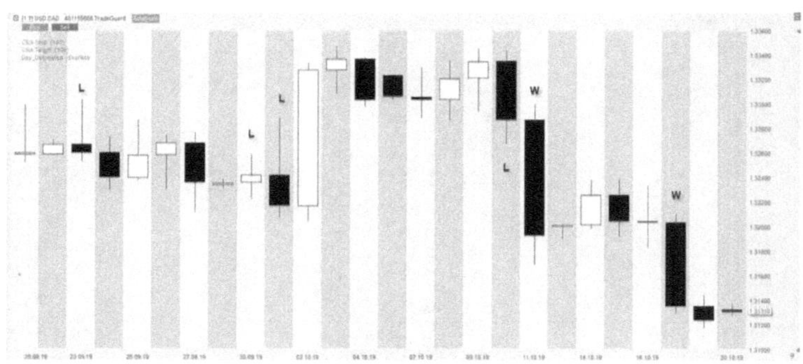

En contraste, la figura 3 claramente ilustra lo que puede significar el *trading*. Durante este período, el operador ejecutó seis operaciones en USDCAD, cuatro de las cuales fueron a pérdida. El resultado fue el siguiente:

Operaciones rentables: 2 x 15 pips   =   30 pips
Operaciones a pérdida: 4 x 15 pips   = -60 pips

Total: **-30 pips**

Al sumar los resultados de los dos períodos de operaciones (figuras 2 y 3), obtenemos el siguiente resultado final:

Operaciones rentables: 8 x 15 pips   = 120 pips
Operaciones a pérdida: 5 x 15 pips   = -75 pips

Total: **45 pips**

Bueno, un principiante pudiera decepcionarse por tal "resultado" después de haber operado con divisas durante mes y medio, pero como dije anteriormente, atribuyo esto a las exageradas expectativas que aparecen en muchos foros de *forex*. Operar con *forex* es un negocio como cualquier otro y, por lo tanto, debe ser tratado y visto como tal. Es un hecho bien conocido que, en el *trading*, las "pérdidas" deben verse tan solo como "costos" que el operador tiene que asumir para poder participar en el mercado. Tiene que "pagar" con sus pérdidas, por así decirlo, para poder participar en él.

Si hay algo que quiero lograr con este libro, es asegurar que el lector tenga una valoración realista de lo que significa operar en *forex*, pero también quiero mostrar a los operadores lo que pueden lograr. En mi opinión, estos 45 pips son suficientes para construir un negocio exitoso de *trading*.

Ahora bien, el lector podría objetar, afirmando que esta estrategia no da suficientes señales. Es cierto. Ello es consecuencia del hecho de que la estrategia funciona con los máximos y mínimos de la semana anterior. Bajo ninguna circunstancia el mercado siempre alcanza esos niveles, y encima, también existen semanas en las que no toca ni el máximo ni el mínimo de la semana previa (las llamadas semanas interiores). Precisamente por esta razón, el operador no debe aplicar la estrategia solo a un par de divisas, sino a varios de ellos, y debe combinarlo con las otras estrategias.

Estrategia 2:
Extensión del máximo
y mínimo semanal

Finalmente, veremos la segunda estrategia que funciona con los máximos y mínimos de las semanas previas. Mi investigación y pruebas han demostrado que los mercados *forex* gustan de escenificar "una ligera exageración" al alcanzar estos niveles. ¿Qué quiero decir con esto? En contraste con las estrategias de pivotes y números redondos, he observado que el mercado tiende a excederse en tales niveles. La razón es simple: muchos operadores institucionales han colocado órdenes de compra, u órdenes de venta para mínimos, en estos sitios. Cuando el mercado alcanza tal nivel, estas órdenes se activan provocando cierta presión de compra al alcanzar el máximo de la semana anterior. Sin embargo, también puede suceder lo opuesto. Si el mercado llega al mínimo de la semana previa, las órdenes adicionales de venta crean una presión de venta. Un especulador (*scalper*) puede beneficiarse de este efecto, y esto es de lo que trata la segunda estrategia.

Con la estrategia de "Extensión del máximo y mínimo semanal", el operador solo ingresa al mercado cuando este toca el nivel de la semana anterior (máximo y mínimo), asumiendo que existe una mayor probabilidad de que el mercado exagere un poco, al menos a corto plazo, antes de un posible giro. Queremos usar este efecto para apostar en 15 pips, por lo que apostamos a una exageración a corto plazo de 15 pips en el primer toque. Nuevamente, protegeremos nuestra posición con una orden *stop loss* de 15 pips. Es así que otra vez estamos trabajando con una relación riesgo - recompensa de 1:1, lo que significa que nuestra tasa de éxito debe estar por encima del 50% para operar de manera rentable.

En contraste con las estrategias del número redondo y de pivote, la premisa de esta estrategia es, por ende, la observación de que una vez que el mercado ha alcanzado los máximos y mínimos de la semana anterior, continuará un poco más antes de girar. Si la operación no tiene éxito la primera vez, y el mercado hace un segundo intento por superar este nivel, la probabilidad de que la segunda operación suba no será tan alta. He ahí el por qué enfatizo la importancia del primer toque.

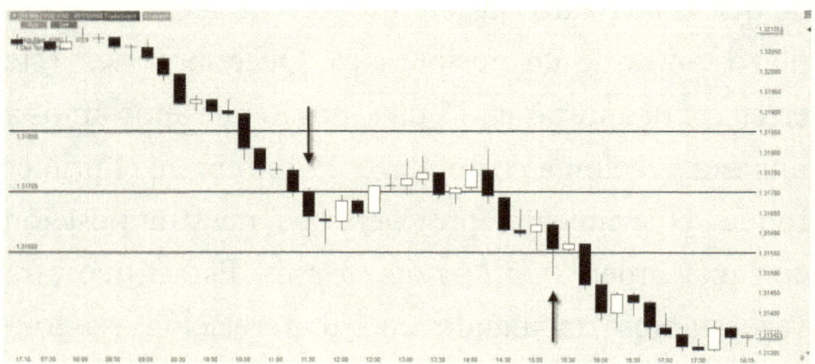

La figura 4 ilustra la estrategia en el gráfico de 15 minutos del par USDCAD. La línea horizontal del medio representa el mínimo de la semana anterior en 1.3170. El 17 de octubre, el par USDCAD cotizó por encima del mínimo de la semana previa, sin embargo, cayó durante la mañana europea, alcanzando el mínimo de la semana anterior a las 11:15 a.m. En ese momento, la orden de venta en corto (*short sell order*), en espera, se activó (flecha superior izquierda). Al mismo tiempo, se activaron las órdenes *stop loss* (línea horizontal superior) y *take profit* (línea horizontal inferior). A las 15:15, el precio alcanzó el objetivo de 15 pips (flecha inferior derecha).

Como puede verse, el par USDJPY tomó cierto tiempo, y también subió un poco, después de alcanzar el mínimo de la semana anterior. No obstante, el mercado no alcanzó la orden *stop loss*. Como resultado, la operación nunca estuvo en problemas y alcanzó el precio objetivo en 1.3155.

Como ya se mencionó, la naturaleza de esta estrategia se basa en que el operador solo recibirá señales de vez en cuando. El mercado no alcanza el máximo o mínimo previo cada semana. Si no alcanza ni el mínimo ni el máximo, hablamos de "semanas interiores". En este caso, nada ocurre con nuestra estrategia y, el viernes, el operador tiene que retirar del mercado las órdenes *bracket* que colocó al máximo y mínimo de la semana anterior.

Por supuesto, probé el "opuesto" de esta estrategia, concretamente, tomando la posición opuesta tan pronto como el mercado alcanza el máximo o mínimo de la semana anterior. En ese caso, debe irse corto en el máximo de la semana anterior y largo en el mínimo de esa misma semana. Los resultados fueron decepcionantes para todos los pares de divisas. Durante varios meses, no obtuve ningún resultado positivo en ninguna de las monedas. Por su parte, la estrategia "Extensión del máximo y mínimo semanal" fue muy exitosa y produjo más ganancias que pérdidas. Aun así, ello no significa que este será siempre el caso. Pueda que surjan situaciones en las que el primer escenario sea más exitoso que la "estrategia de extensión" presentada aquí.

Es de enfatizarse que un operador siempre debería observar los mercados con mente abierta. Aun si exitosamente ha ejecutado ciertas estrategias durante un largo período de tiempo, puede llegar el día en el que, repentinamente, este ya no sea el caso. En ese momento, puede ser útil intentar lo contrario a lo que se venía haciendo. Es por eso que los resultados que estoy presentando en los pares USDJPY y USDCAD deben considerarse como un panorama. Esto, bajo ningún respecto es garantía de que las cosas saldrán igual de bien en el futuro.

Figura 5: USDJPY, gráfica diaria, 15/06 al 29/10/2019

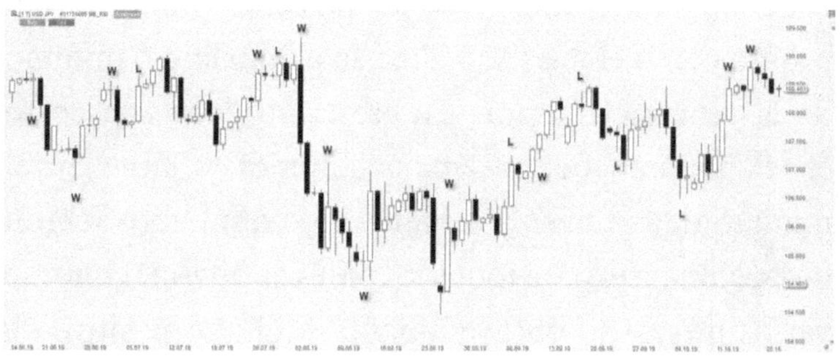

Durante un período de aproximadamente cuatro meses, el operador recibió diecisiete señales en el par de divisas USDJPY. Once de ellas fueron operaciones rentables y solo seis fueron a pérdida. Por supuesto, este es un excelente resultado, el cual no siempre debe darse por sentado. Como puede verse, con esta estrategia se obtiene un promedio de una señal por semana, lo que no es mucho, y es por lo que debería combinarse con otras estrategias, como la de "Persecución del máximo y mínimo semanal".

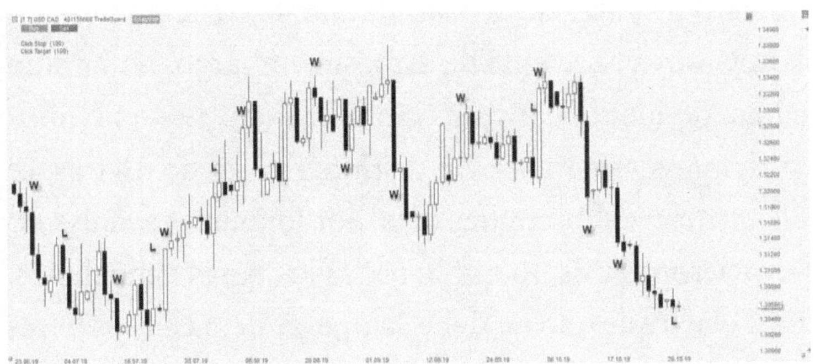

Finalmente, observemos los resultados de la estrategia en el par USDCAD. Deliberadamente escogí el mismo período utilizado en el ejemplo para el par USDJPY. Los resultados en el par USDCAD también fueron excelentes. Aquí recibí dieciséis señales, de las cuales once fueron operaciones rentables, indicadas con la letra W (ganancia, por su sigla en inglés) y solo cinco a pérdida, señaladas con la letra L (pérdida, por su sigla en inglés).

Al sumar los resultados en ambos pares de divisas, se obtendrá el siguiente resultado:

Operaciones rentables: 22 x 15 pips	=	330 pips
Operaciones a pérdida: 11 x 15 pips	=	-165 pips
Total:		**165 pips**

Por supuesto, un resultado general de 165 pips es muy bueno. Incluso si este beneficio se obtuviese durante un período de cuatro meses.

Pueda que ahora se tenga la idea de que pudiera surgir un riesgo *cluster* si se operara la misma estrategia en un número de pares de divisas altamente correlacionados. Estoy muy consciente de esto, sin embargo, no he sido capaz de identificar este tipo de riesgo. Los máximos y mínimos semanales, en distintos pares de divisas, se alcanzaron en diferentes días, por lo que las señales no ocurrieron el mismo día en todos los pares negociados. Está claro que uno no debería operar demasiados pares con esta estrategia. En tal caso, sí se produciría un riesgo *cluster* si el operador negociara con demasiados pares similares o altamente correlacionados.

Preguntas prácticas

Para finalizar, me gustaría abordar algunas preguntas que surgen cuando el operador aplica ambas estrategias en la realidad.

En general, no debiera colocarse una operación si el domingo por la noche (o el lunes por la mañana) el mercado está operando al mismo nivel que el máximo o mínimo de la semana anterior. No tiene sentido negociar las estrategias de expansión o de persecución del máximo y mínimo semanal si el mercado está solo diez o incluso veinte pips por debajo o por encima de estos niveles. Es mejor esperar hasta que el mercado esté, al menos, a cuarenta o cincuenta pips de distancia, y luego colocar las órdenes para la semana.

No importa si el "máximo" se negocia desde "abajo" o desde "arriba". ¿Qué quiero decir con esto? Es bastante común que, al comienzo de la semana, un par abra por encima del máximo de la semana anterior. Esto puede suceder, por ejemplo, durante fuertes tendencias. No debe renunciarse a la estrategia solo porque el mercado abrió por encima del máximo, pues ciertamente, puede este máximo operarse desde el lado corto. Lo mismo aplica si el mercado abre por debajo del mínimo semanal anterior. En este caso, definitivamente puede probarse una operación larga con un precio objetivo de un mínimo semanal, o puede utilizarse la estrategia de expansión para apostar en la exageración.

Sin embargo, estos casos son bastante raros y, de vez en cuando, hay semanas interiores en las que el mercado no alcanza ni el máximo ni el mínimo.

Solo para evitar confusiones, en caso de simultáneamente negociar ambas estrategias en el mismo número de pares de divisas, es recomendable utilizar dos cuentas de corretaje diferentes. Este método también permite ser menos dependiente de un solo corredor. Generalmente, los operadores profesionales tienen varias cuentas con diferentes corredores. Pienso que esta es una medida que debería implementarse solo por razones de gestión de riesgo. Debe distribuirse el capital de *trading* en dos o tres cuentas de corretaje, en lugar de tenerlo todo en solo una.

Imagine tener todo su dinero puesto en una cuenta de corretaje y de repente el corredor se encuentra en problemas financieros. Pudiera pensarse que esto es muy poco probable, sin embargo, la experiencia ha demostrado que, especialmente en eventos extremos como el shock del franco suizo de 2015, los corredores mal capitalizados fácilmente pueden quebrar. Proteja su capital de *trading* de tal evento. Como regla general, el operador recuperará su dinero en algún momento si tiene su cuenta aislada (lo cual recomiendo encarecidamente). Una cuenta aislada es una cuenta que se mantiene en nombre (y propiedad) del operador, pero separada de los activos del corredor. Sin embargo, esto "algunas veces" bien puede extenderse a dos o más años. Por lo tanto, asegúrese de nunca verse en tal situación, encontrándose impedido de operar durante dos años porque su dinero está "bloqueado" debido a circunstancias excepcionales. Los procedimientos de quiebra a veces pueden durar años.

Distribuir el capital de *trading* a través de múltiples cuentas hace que el negocio sea menos vulnerable a los riesgos externos.

Sin embargo, la medida más importante, que ciertamente robustecerá el negocio de *trading*, es dejar de operar con una sola estrategia. Al presentar seis estrategias diferentes en esta serie sobre operaciones *forex*, no sugiero que debieran negociarse por separado, sino más bien, que deberían combinarse. La razón para hacerlo, será tratada en la cuarta, y última, parte de esta serie.

PARTE 4:
NEGOCIANDO
VARIAS ESTRATEGIAS
SIMULTÁNEAMENTE

1. ¡Por qué deberían negociarse varias estrategias a la vez!

Los operadores especializados en el negocio de divisas tienden a operar *solo una estrategia* a la vez. ¡Sé esto muy bien! Alguna vez fui tal operador (en aquel entonces, el negocio de divisas era algo nuevo y emocionante para los inversores privados). Y fue ahí cuando cometí el primer error, el cual, en mi ignorancia, desafortunadamente repetí una y otra vez, porque si usted solo tiene una estrategia, inevitablemente <u>estará buscando de manera constante aquella que lo enriquecerá</u>.

Observe los foros de operadores en Internet. Están llenos con hilos de operadores que presentan su estrategia con las mejores intenciones, por supuesto. Y con cada nueva que allí aparece, la comunidad *forex* entra en un frenesí, todos siguiendo esa nueva moda y con un afán implacable por probarla inmediatamente, porque pudiera ser allí donde está enterrado el oro que todos buscan.

Lo que sigue, apenas necesito decírselo al lector. No termina el miembro del foro de probar la nueva estrategia cuando comienzan a aparecer las primeras operaciones perdedoras después de algunas ganadoras. Tal vez esa ilusoria novedad no era tan prometedora como parecía a primera vista. Pronto, el miembro del foro se da cuenta de que, lamentablemente, la nueva estrategia genera tantas pérdidas como la anterior.

Y así continúa la historia: al día siguiente, el miembro del foro probará la estrategia del miembro X del foro, que hasta ahora había pasado por alto. Creo que el lector ya sabe, a esta altura, cómo termina el cuento. El miembro infeliz del foro ahora "probará" la nueva estrategia, dándose cuenta, al cabo de unas semanas, de que el oro tampoco estaba enterrado allí.

Esto nos lleva a una conclusión que no es sorprendente: <u>todas las estrategias forex generan pérdidas</u>. ¡Todas! Algunas un poco más, otras un poco menos. Lo que nos lleva a una segunda conclusión: <u>todas (o casi todas) las estrategias forex son rentables</u>.

Disculpe, ¿todas las estrategias *forex* son rentables? Sí, la mayoría, o al menos muchas de ellas (si están basadas en principios *trading* bien probados) son rentables a largo plazo, si por lo menos obedecen leyes matemáticas simples. En el idioma del operador: si trabajan con relaciones riesgo - recompensa de 1:2 o 1:3. E incluso si trabajasen con una relación de solo 1:1, pero con tasas de éxito superiores al 50%, todos estos sistemas son rentables a largo plazo.

Eso sí, *a largo plazo*. Y aquí, por supuesto, radica el problema de nuestro ambicioso miembro del foro. Si empieza a probar el sistema en un período en el que se encuentra en fase de reducción (*drawdown*), lo descartará después de algunas semanas (o algunos días) y asegurará en el hilo del foro que el sistema del miembro X solo produce pérdidas. Veamos la curva de capital de esta estrategia *forex* (figura 1).

Figura 1: Curva de capital del miembro X del foro

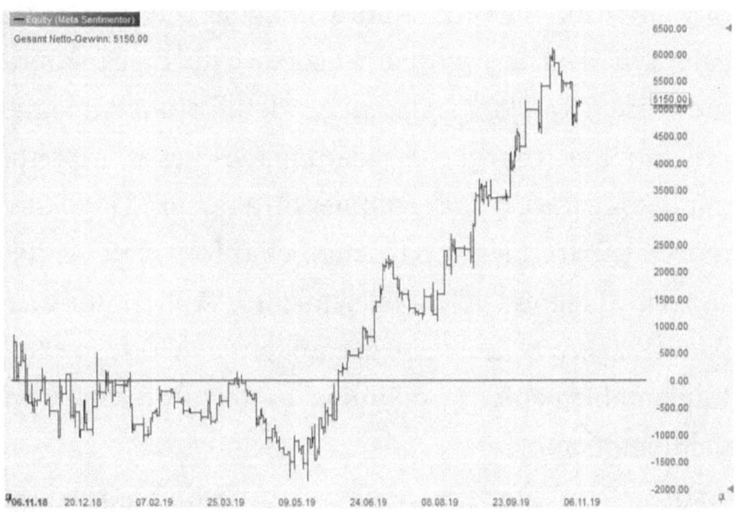

¿Es rentable esta estrategia? ¡Ciertamente, lo es! Con los resultados de esta sencilla estrategia puede hacerse una fortuna (si se desea). Pero, ¿examinó también el *drawdown* desde noviembre de 2018 hasta mayo de 2019 (a la izquierda de la gráfica)? ¡Duró siete meses! Piénselo, ¡siete meses en los que el sistema no generó beneficios!

Ahora pregúntese, como ser humano, ¿es soportable que el sistema que se está operando no genere ganancias o siquiera pérdidas por más de siete meses? Probablemente no, ¿verdad? Personalmente, esto no me agrada bajo ninguna circunstancia.

¿Por qué no? Porque soy humano. Infortunadamente, nuestra psique es tal que siempre estamos en busca de gratificación instantánea. Eso significa que cuando pedimos algo, lo queremos *al instante*.

Soy bebedor de café. Ahora imagine que voy a mi cafetería favorita y pido una taza de café. La camarera me dice en voz baja que, desafortunadamente, hoy no hay (porque la máquina espresso necesita mantenimiento, o por cualquier otra razón). Hago una mueca y, para bien o para mal, elijo tomar té. Al día siguiente, regreso al establecimiento. Anhelo mi café favorito, pero al acercarse la camarera, ya lo sospecho. Lamentablemente, la máquina espresso continua en mantenimiento.

¿Volveré a esa cafetería al día siguiente? Probablemente no, ¿verdad? Puede que la máquina espresso en la tienda del vecino funcione mejor. Infelizmente, esto significa que, como seres humanos, estamos tan predispuestos que no aguantamos demasiados rechazos, aunque sepamos muy bien que la máquina espresso de nuestra cafetería favorita, tarde o temprano, funcionará nuevamente. Debe hacerlo, pues de lo contrario, la tienda pronto perderá todos sus clientes. Sabemos eso y, aun así, preferimos ir a la cafetería de al lado porque, como adictos que somos al café, simplemente no soportamos tener que tomar té tres días seguidos.

Esta pequeña historia pudiera parecer un tanto sencilla, pero es lo que le ocurre a su cerebro reptiliano al ingresar al mercado de divisas y realizar una operación. El querido miembro del foro corre, de cafetería en cafetería (o de estrategia en estrategia, por así decirlo), con la esperanza de finalmente encontrar aquella donde diariamente le garanticen una taza de café.

Ya se sabe cómo termina la canción. El querido miembro del foro cabalgará en este carrusel hasta que se agote su "capital de *trading*". Ese día llegará tarde o temprano (generalmente temprano), y entonces, claro está, puede predecirse lo que vendrá después: un reclamo malhumorado de que "*forex* no funciona".

Correcto. Las operaciones en divisas son virtualmente impredecibles a corto plazo. Es imposible afirmar que, si a partir de hoy se está operando el sistema X o el sistema Y, inmediatamente se tendrá éxito. Eso es casi imposible de afirmarse en el lapso de pocas semanas (y mucho menos días). Y, desafortunadamente, nuestro cerebro reptiliano no es capaz de evaluar algo basado en períodos tan cortos de tiempo. Simplemente somos incapaces de usar nuestro cerebro humano para evaluar un sistema de *trading* que produzca resultados robustos a largo plazo (ver figura 1).

Y este hecho, por sí solo, es la razón más importante por la que no debe confiarse en una sola estrategia si se planea construir un negocio de *trading* basado en operaciones de divisas. Hace increíblemente vulnerable al operador. Lamentablemente, muy frecuentemente sucede que un operador abandona una estrategia rentable solo porque produce pérdidas durante algunas semanas. Al operar con una sola estrategia, se estará expuesto a muchos obstáculos y trampas con los que constantemente se tropezará.

Existen, claro está, diversas razones por las que los operadores negocian con una sola estrategia. Probablemente, la principal sea que creen que es superior a otros métodos de trading. Cuando los operadores comienzan a negociar en *forex*, generalmente usan el primer método que encuentran (es decir, por casualidad). Lo utilizan porque todavía tienen poco conocimiento acerca del *trading* y, por supuesto, porque realmente no están conscientes de la existencia de otros métodos o sistemas rentables.

Cuando ese sistema produce sus primeras pérdidas, gradualmente pierden la confianza, pensando que el mismo nunca les dará el resultado deseado y volviendo, inevitablemente, a revisar el foro de *forex*, ahora probando el sistema sugerido por el miembro

Y o Z. Una vez han "probado" los métodos Y o Z, inmediatamente creen que deben ser mejores que el suyo. Llegan a esta conclusión porque recién empiezan a operar ese nuevo método. Aún tienen la esperanza de que les dará los resultados anhelados.

Muchos operadores de *forex*, por ejemplo, han cambiado a operar "estrategias de acción del precio" en años recientes. Hace unos años podía verse surgir esta tendencia. Un operador la inició, algunos lo siguieron y, de repente, todos los foros de *trading* estaban colmados con estrategias de "acción del precio".

No me malinterpreten. No estoy criticando este método. Es un método de *trading* robusto, basado en algunos claros y sencillos principios. Existe una clara filosofía de *trading* tras él, pero no hay razón para suponer que la acción del precio es mejor que cualquier otro método, por ejemplo, uno que simplemente se base en el cruce de dos indicadores o en patrones de continuación en fases de tendencia. Todos estos métodos se fundamentan en una específica observación del comportamiento del mercado, y ninguno de ellos está equivocado. Pero tampoco es que sean "mejores".

La razón por la que un operador cambia de un método a otro a menudo es sencilla, por ejemplo, porque en su parecer un método es más "obvio" que el otro. En mi opinión, este es el motivo del éxito del método de la acción del precio. Tiene sentido para muchos operadores, pues es fácil de entender, pero eso no significa que sea más rentable que cualquier otro método.

Cada estrategia, por lo tanto, tiene sus propias premisas en cuanto a cómo funciona el mercado. Para un operador de acción del precio, toda la información está contenida en el gráfico, lo que significa que no utiliza instrumentos de análisis técnico, tales como indicadores u osciladores. Mientras que para un operador que negocia soportes y resistencias, la premisa es justamente la observación de que simplemente hay más vendedores en niveles de resistencia que en otra parte.

Otro motivo importante por el que los operadores solo se dedican a una única estrategia, es <u>porque una única estrategia hace más fácil la comprensión del mercado</u>. Es la naturaleza de nuestros cerebros lo que nos hace intentar simplificar las cosas al enfrentarnos a la complejidad. Queremos entender lo que sucede en los mercados financieros, pero tratamos de hacerlo usando modelos simplificados, omitiendo deliberadamente los otros.

Ahora, los mercados financieros son los sistemas más complejos que puedan imaginarse, y es completamente comprensible la necesidad natural de entenderlos mediante modelos simplificados. Pero la consecuencia de ello es la obtención de una imagen distorsionada de la realidad. Su método, el sistema que está operando, le hace creer que el mercado hará esto o aquello, por lo que usted trata de explicar su comportamiento con su sistema. Esto inevitablemente conduce a una imagen incompleta de la realidad.

La mayoría de los operadores que conozco consideran sus estrategias como sistemas independientes, cuyos retornos utilizan para lograr sus objetivos financieros. Si este es el caso, <u>cada estrategia básicamente debería verse como una apuesta a largo plazo sobre un resultado esperado</u>, y en ese sentido, cada una debería básicamente verse como un *valor* en el cuál invertir una cierta cantidad de dinero. Al comprar una acción, se espera un cierto rendimiento a la larga, ya sea especulando en el desempeño de la misma o comprando rentas de la inversión que pague un dividendo anual.

Una estrategia determinada debe observarse de igual manera. Debe considerársela <u>como un valor de inversión en la cartera</u>, tal como una acción o un fondo.

Si puede aceptarse esta idea, entonces es básicamente lo mismo invertir en una determinada estrategia o en otro activo. El siguiente paso es construir una cartera de inversiones.

De ahí en adelante, esa inversión (ya sea una sola estrategia o una sola acción) deja de ser el único instrumento para lograr sus objetivos financieros.

A partir de entonces, usted desea tener una cartera equilibrada con distintos activos.

De la misma forma en que nadie pensaría en construir una cartera de inversiones con una sola acción, tampoco debe construirse una cartera *tan solo con una estrategia*.

2. Menor volatilidad en la curva de capital

Ahora podemos confiar en dos áreas que han sido intensamente investigadas por la ciencia, y probadas en la práctica durante décadas: optimización y diversificación de carteras. Estos principios fundamentales, los cuales se incorporan al crear una cartera de activos comunes, aplican en la creación de carteras de múltiples sistemas de estrategia, obteniéndose los mismos beneficios de la primera, tal como menor volatilidad de la curva de capital y rendimiento ajustado al riesgo.

También debería pensarse en la idea de una cartera hasta el final. Tal como el administrador de un gran fondo de inversión no pensaría en invertir todo el dinero de sus clientes en una sola acción, tampoco lo haría al invertir en estrategias de *trading* (cosa que sucede ocasionalmente). Nunca pondría todos sus huevos en una canasta operando tan solo una única estrategia. Lo que hará será diversificarse.

En tal sentido, no puede comprar suficientes activos diferentes. Y si solo apuesta por acciones, no puede poseer suficientes de ellas. Por supuesto, tal enfoque conlleva ciertos riesgos. En el fondo, quiere construir una "cartera equilibrada", una en la que las oportunidades y los riesgos estén en proporción razonable entre sí.

Es por lo que estoy convencido de que <u>usar varias estrategias es más rentable, a largo plazo, que negociar solamente una</u>. La razón es simple. Al negociar varias estrategias simultáneamente, las probabilidades de las estrategias individuales se distribuyen a lo largo del tiempo. Cada estrategia que se negocia tiene su propio conjunto de operaciones de ganancia y pérdida, tal como lo han mostrado los ejemplos en este libro (partes 1 a 3). Como operador, usted simplemente no sabe cuándo ocurrirán estas series y en cuáles estrategias sucederán. Lo único que sí sabe es que experimentará estas series de pérdidas y ganancias.

Al distribuir ganancias y pérdidas entre varias estrategias, se crea una cierta indiferencia en torno a una serie de pérdida en especial (mejor objetividad). Esto, por descontado, es más fácil de lograr con una cartera consistente de varias estrategias, a que si fuera a negociar una sola.

La selección de estrategias debe garantizar que no se confundan las probabilidades de ganancias o pérdidas de las estrategias individuales. Por ejemplo, una operación realizada en base a pivotes es muy diferente de aquella basada en el número redondo o al máximo de la semana anterior. Aunque existe la probabilidad de que todas las estrategias tengan pérdidas simultáneamente, esto es poco probable.

Si una de las estrategias repentinamente desarrolla una racha perdedora, otra podría súbitamente empezar a ganar. El efecto de diferenciación asegura que una serie ganadora de una determinada estrategia compense o cancele la serie a pérdida de otra estrategia.

En otras palabras, como operador, usted ya no se concentra en la ejecución de una única estrategia (con todas las desventajas psicológicas). <u>A partir de ahora, manejará una cartera de diferentes estrategias</u>, que con suerte se correlacionen lo menos posible, aplicando los mismos principios que al manejar una de activos tradicionales. El objetivo de este enfoque es suavizar su curva de ganancias y limitar sus *drawdowns*. Quisiera ilustrar esto con algunos ejemplos.

Imagine que está negociando una cartera de cuatro estrategias de *forex*, todas las cuales entregan resultados diferentes.

Figura 2: estrategia 1, curva de capital, noviembre de 2018 - noviembre de 2019

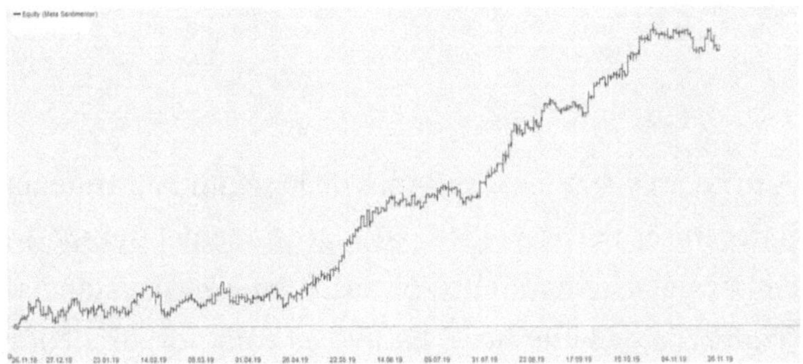

La primera estrategia es bastante rentable, como lo muestra la curva de capital de operación anual (noviembre de 2018 - noviembre de 2019). No obstante, las ganancias no resultaron consistentes. Hubo algo de ganancia en el primer semestre de 2019, pero no fue sino hasta finales de abril de 2019 que la curva de capital comenzó notoriamente a repuntar. Después de algunos meses, un operador negociando exclusivamente esta estrategia probablemente la habría detenido, retirándose de ella decepcionado.

Figura 3: estrategia 2, curva de capital, noviembre de 2018 – noviembre de 2019

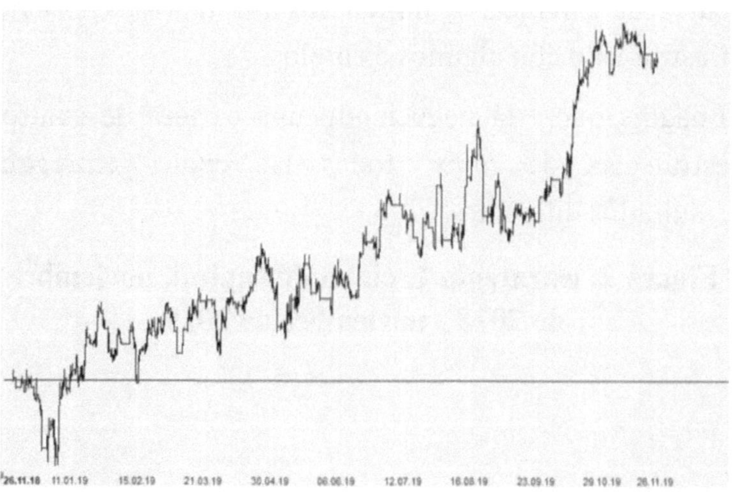

A primera vista, los resultados de la segunda estrategia parecen ser más sencillos para la psique del operador, empero, el sistema comenzó con un *drawdown* sustancial (izquierda de la gráfica). Estuvo en rojo por alrededor de un mes antes de que siquiera comenzase a producir ganancias. Como puede observarse, tardó casi hasta el verano de 2019 para que la tendencia ascendente en la curva de capital se hiciera por lo menos visible. Nuevamente, algunos se habrían rendido después de los "resultados decepcionantes" iniciales.

Figura 4: estrategia 3, curva de capital, noviembre de 2018 – noviembre de 2019

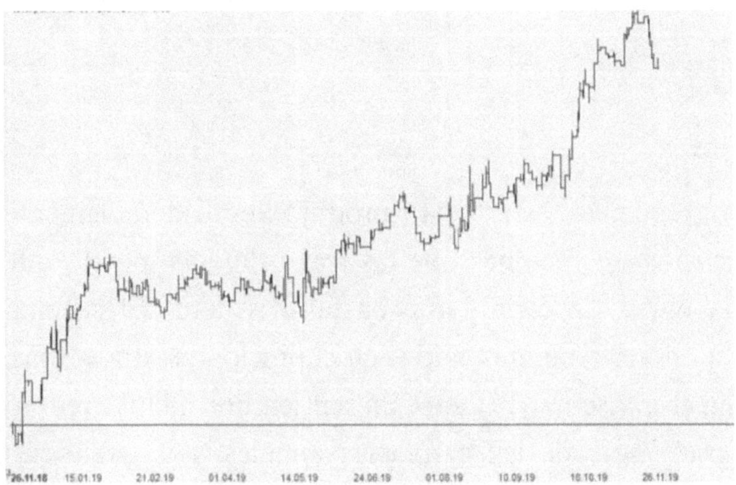

La tercera estrategia ciertamente ayudó inicialmente al operador, porque la curva de capital ascendió en las primeras semanas, pero luego se movió lateralmente durante meses (de febrero a mayo de 2019) hasta que, en algún momento, la curva de capital alcanzó un nuevo "máximo". No hubo *drawdown* en el estricto sentido de la palabra, pero de febrero a mayo, el sistema no hizo dinero. De nuevo, la paciencia solo pagó gradualmente.

Figura 5: estrategia 4, curva de capital, noviembre de 2018 – noviembre de 2019

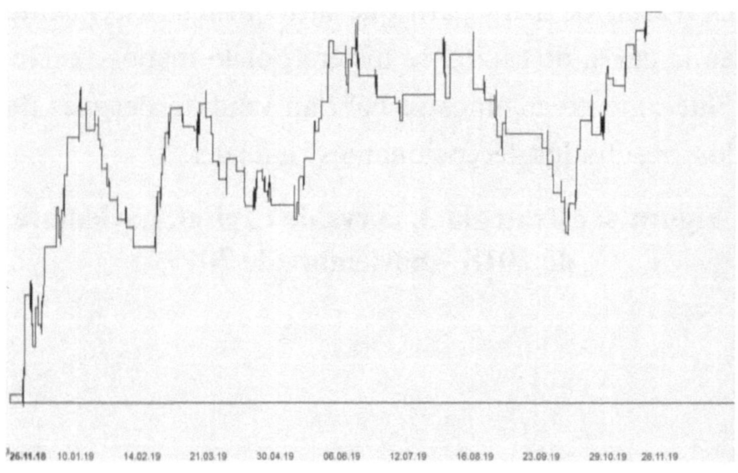

La cuarta estrategia produjo considerablemente menos operaciones que las tres primeras, por lo que la curva de capital fue bastante volátil. El sistema ocasionó repetidas caídas en el precio, del 40% y más, en el transcurso del año. En septiembre, incluso redujo gran parte de las ganancias anuales. Las ganancias propiamente dichas no aparecieron sino hasta el último trimestre. Como operador, hay que ser capaz de enfrentarse a ello. Tal curva de capital de ninguna manera es inusual.

Figura 6: curva de capital de las 4 estrategias juntas

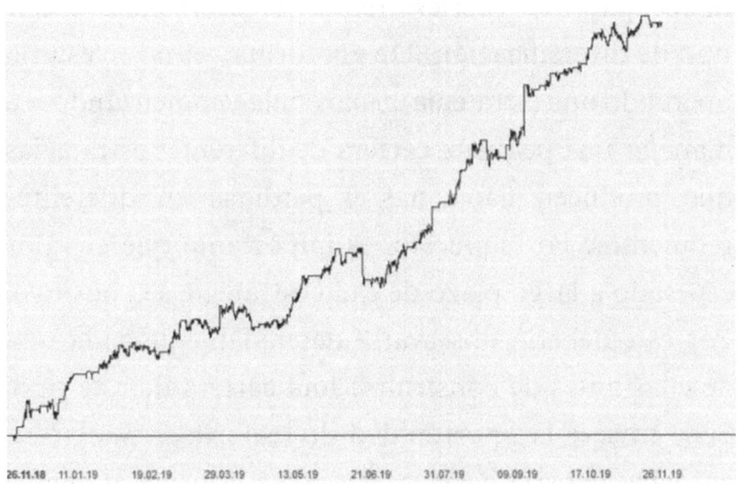

De haber negociado las cuatro estrategias simultáneamente, se hubiera tenido una curva de capital como la que se muestra en la figura 6. Como puede observarse, también hubo altibajos, pero estos fueron más fáciles de manejar psicológicamente. Adicionalmente, gracias a haber diversificado en cuatro estrategias, la cartera fue rentable desde el comienzo y la curva de capital fue mucho más pareja que si se hubiera negociado solo una de las cuatro. Como operador, puedo vivir perfectamente con una curva de capital como esta.

Me habría parecido mucho más difícil si hubiese tenido que confiar solo en una de las cuatro estrategias. Los cuatro ejemplos no son inusuales ni inverosímiles, y los *drawdowns* que se mantienen por meses suceden en muchas estrategias de *trading*. Si como operador es incapaz de hacerles frente, le recomendaría este tipo de diversificación. De esa forma, ya no se estaría operando una estrategia en particular, comenzándose a manejar una pequeña cartera de diferentes estrategias que producen ganancias y pérdidas en diferentes momentos. Por supuesto, es importante que el valor esperado a largo plazo de cada estrategia sea positivo. Por eso, debería observarse detenidamente cada una de ellas antes de construirse una cartera de este tipo. Si se tuviese la oportunidad de realizar un *back-test*, entonces debería hacerse, pues de esa forma al menos se tendrían estadísticas para el sistema que indicasen si las expectativas son positivas a largo plazo, o no.

3. Cuántas estrategias deberían negociarse simultáneamente

Mi respuesta es pragmática: no demasiadas, pero tampoco muy pocas. Está claro que dos estrategias no son suficientes, porque con dos, no se logrará el efecto deseado de diferenciación.

Por otra parte, no es necesario negociar veinte. Con mantenerlas entre cuatro y ocho, se estará seguro. También debe recordarse la necesidad de observar, cada tanto, el desempeño de las estrategias individuales. De todas formas, con un comportamiento semiautomático o incluso de manera completamente discrecional, solo puede negociarse, simultáneamente, un número limitado de estrategias. A veces, menos es mejor que más, porque cuantas más estrategias se operen, mayor será la probabilidad de que alguna de ellas no sea rentable, incluso después de un año.

4. ¿Es posible diversificar, incluso con una cuenta pequeña?

Por supuesto que sí, y en especial en operaciones *forex*, donde esta aproximación está abierta para operadores con cuentas pequeñas (menores a USD 1.000). Gracias a los microlotes (lotes de USD 1.000), puede lograrse la misma diversificación que si se tuviera una cuenta más amplia. De hecho, me parece una excelente manera de familiarizarse con el negocio *forex* y gradualmente ir construyendo una cuenta de mayor envergadura.

5. Cuándo comenzar a usar el apalancamiento

Una vez se hayan probado las estrategias individuales, y las mismas hayan sido implementadas en la plataforma de *trading*, puede comenzarse a utilizar el apalancamiento. En caso de que se planee negociar múltiples estrategias, recomiendo adoptar una aproximación más conservadora al principio. Por "conservadora" me refiero a no arriesgar más del 0,1 o 0,2% del capital de *trading*. Si se están operando minilotes, y se arriesgan 20 pips por operación en una estrategia en particular, ello equivale a USD 20. Si solo se arriesga el 0,2%, ello significa que debe tenerse USD 10.000 de capital de *trading* a fin de conseguirlo. Por ejemplo, si solo se tiene USD 1.000, entonces deben operarse micro lotes (lotes de USD 1.000). De esta forma, solo se está arriesgando USD 2 por operación.

Las cosas rápidamente se vuelven complejas al aplicar este tipo de gestión de riesgos a cada una de las estrategias que se opera, pero es ahí donde entra en juego la ventaja de una cartera de *trading*. Si las desviaciones en la curva de capital de una sola estrategia y los *drawdowns* equivalen al 20% o más, entonces solo representan el 5% de la curva de capital de toda la cartera (por ejemplo, al negociar cuatro estrategias y valorarlas equitativamente). Adicionalmente, tales pérdidas se compensan con ganancias en las otras estrategias.

Después de un cierto tiempo, una vez se haya ganado confianza en la cartera y se observe que la cuenta total está constantemente creciendo, es que puede comenzarse a pensar en usar un apalancamiento más alto.

Pero, nuevamente, en este caso, no es una única estrategia la que decide si debería utilizarse un apalancamiento más alto y cuándo, sino más bien, la cartera al completo y su curva de capital. Solo cuando la cuenta total apunta hacia arriba es que debería usarse el apalancamiento. Es por lo que lo siguiente aplica:

Los aficionados apalancan una única estrategia, los profesionales, una cartera de ellas

Vea otra vez las figuras 2 a 6. ¿En cuál de las cinco curvas de capital aplicaría el apalancamiento?

Espero que el lector entienda a lo que me refiero. Al observar las curvas de capital de las cuatro estrategias individuales, notará que, básicamente, no se desea utilizar demasiado apalancamiento en ninguna de ellas. Solo cuando la curva de capital en la cartera al completo sea más pareja, es que debería comenzarse a usar el apalancamiento y luego uniformemente distribuirlo entre las cuatro.

Puede pensarse en invertir menos dinero en las estrategias más débiles y más en las mejores, pero para ser honesto, ¿cuándo y cómo saber cuál de las estrategias será "más débil" que las demás? Básicamente, solo se sabe después. Razón por la que yo sería cuidadoso con tales medidas, pues complican las cosas innecesariamente.

Si una de las estrategias funcionase tan mal que más pareciese una máquina de destrucción de dinero, simplemente la sacaría del mercado y la reemplazaría por otra. Pero como dije, debe tenerse cuidado. El que una de las estrategias no genere dinero durante varios meses no significa, necesariamente, que sea "mala", tal como espero se vea de los ejemplos anteriores.

6. Operar en divisas es un negocio

Todo mi pensamiento en esta cuarta parte de la serie es, fundamentalmente, acerca de ver el *trading* como un negocio.

Lamento decirlo de manera insulsa, pero: si basado en algunos indicadores, su "actividad" implica diariamente ir largo y corto en EURUSD, entonces usted no tiene un negocio. Por lo menos, eso no es lo que yo consideraría un negocio, porque si un día se dejara de ir corto y largo en EURUSD, repentinamente se dejaría de tener un "negocio". Así de simple.

Finalmente, comience a negociar *forex* y a tratarlo como un verdadero negocio: uno con ingresos y gastos (referidos como pérdidas), con márgenes de ganancia y balance anual. Por último, empiece a operar este negocio profesionalmente y deje de gritarle al mercado como un perfecto buhonero.

Esto significa, nada más y nada menos, que debería trabajar menos *en* su negocio y más *sobre* su negocio.

Sé que el *trading* es emocionante, más aún si recién se está comenzando, pero para alguien como yo, que se ha desempeñado en esto por más de 19 años, al final solo importa una cosa: ¿qué me ha dejado mi negocio durante este año fiscal?, y ¿cómo poder hacerlo aún más eficientemente el próximo año?

Con este libro, quisiera invitarlo a pensar si no sería más eficiente mirar su negocio de *trading* como si fuese el administrador de un gran fondo que maneja diferentes "activos" ajustados al riesgo.

Y si planease administrar dinero para clientes... Cómo pudiera ser más profesional, ¿negociando diariamente EURUSD basado en dos indicadores? No lo creo...

Glosario

Acción del precio: Forma de análisis técnico de gráficos que no utiliza indicadores.

AUDUSD: Tipo de cambio entre el dólar australiano y el dólar estadounidense.

Banco Central Europeo (ECB, por sus siglas en inglés): Con sede en Frankfurt am Main, Alemania.

Cartera: Cantidad total de posiciones activas de un inversionista.

Contratendencia: Contramovimiento dentro de la tendencia principal.

Corredor: Proveedor de servicios financieros responsable de ejecutar las órdenes de valores de los inversionistas.

Correlación: Comportamiento de ciertos pares de divisas respecto a cada par. Pueden moverse en la misma dirección, o en direcciones diferentes, al mismo tiempo.

Cuenta aislada: Cuenta que se mantiene en nombre (y propiedad) del operador, pero separada de los activos del corredor.

Curva de capital: Representación gráfica del cambio del valor de una cuenta *trading* durante un período de tiempo.

Drawdown: Pérdidas que pueden ocurrir, en un lapso de tiempo, desde el máximo.

Efecto de apalancamiento: El uso de capital prestado aumenta el rendimiento en el uso del capital propio.

Empuje: El empuje informa al inversionista sobre la velocidad y fortaleza de un movimiento de precios.

Estrategias de rango: Estrategias específicamente diseñadas para negociar mercados laterales.

Estrategia "establecer y olvidar" (Set and Forget): Método de establecimiento de objetivos de ganancia y órdenes *stop loss*, desde el inicio, dejando en manos del mercado que la operación genere ganancias o la misma sea detenida a pérdida.

EURCHF: Tipo de cambio entre el euro y el franco suizo.

EURJPY: Tipo de cambio entre el euro y el yen japonés.

Expectativa: Las expectativas de un sistema *trading* involucran el cálculo que muestra el beneficio típico de cada operación colocada. Si es negativa, la estrategia no es rentable. Si es positiva, la estrategia es rentable.

Forex (por sus siglas en inglés): Mercado de divisas, mercado internacional de divisas.

Francogeddon: Sin previo aviso, el 15 de enero de 2015, el Banco Nacional Suizo incrementó la tasa mínima de cambio del euro de 1,20. El precio del franco suizo aumentó en casi un 20 por ciento.

GBPUSD: Tipo de cambio entre la libra esterlina y el dólar estadounidense.

Gestión de riesgos: Comprende todas las medidas para identificar, analizar, evaluar, monitorear, gestionar y controlar los riesgos.

Hipótesis de la eficiencia del mercado: Según esta teoría, los mercados financieros son eficientes en tanto que la información existente ya está incorporada al precio y, por lo tanto, ningún mercado participante es capaz de lograr ganancias superiores al promedio mediante análisis técnicos, análisis fundamentales, información privilegiada, o de cualquier otra forma.

Ir corto: Un operador está corto cuando vende una posición que no posee (venta corta).

Ir largo: Significa haber comprado valores y, consecuentemente, estar en posesión de ellos.

Lote: Unidad de valor de la transacción al operar en divisas (*forex*) y mercados de futuros. En *forex*, un lote en un contrato estándar equivale a 100.000 unidades de la divisa base, de tal forma que en el par EURUSD, 1 lote corresponde a 100.000 euros.

Margen: Depósito de garantía que un inversionista debe colocar a fin de comprar un contrato de futuros.

Mercados de acciones a centavo (Penny stocks): Acciones que se cotizan a menos de un dólar estadounidense.

Microlote: Un microlote equivale a un contrato de 1.000 unidades de la divisa base en el par *forex*.

Minilote: Un minilote equivale a un contrato de 10.000 unidades de la divisa base en el par *forex*.

NZDUSD: Tipo de cambio entre el dólar neozelandés y el dólar estadounidense.

Orden bracket: Las órdenes *bracket* ayudan a limitar las pérdidas y a asegurar beneficios "enmarcando" una orden entre dos órdenes opuestas. Una orden de compra se enmarca entre una orden limitada de venta (orden *sell limit*) y una orden *sell stop*. Una orden de venta se enmarca entre una orden *buy stop* y una orden limitada de compra (orden *buy limit*).

Orden Buy Stop: Orden para comprar o vender valores y que solo se ejecutará cuando el precio alcance un cierto nivel.

Orden de toma de ganancias (Orden Take Profit): Utilizada al momento en que el mercado alcanza el precio de ganancia que se desea.

Orden limitada: Orden con un precio fijo y/o tiempo de ejecución.

Orden OCO (Una cancela la otra, por sus siglas en inglés): Es una combinación de órdenes *stop loss* y *sell limit*. Una vez alcanzado el precio *stop* o el límite establecido, se ejecuta la orden relacionada y se cancela la otra.

Orden Stop Loss: Orden de venta que mejor se ejecuta al alcanzar un precio específico.

Paridad: Describe el punto en el que dos monedas tienen el mismo valor, de ahí que el tipo de cambio entre ellas es exactamente 1 a 1.

Período de tiempo: Rango de tiempo de una gráfica (por ejemplo, una gráfica horaria).

Pip: Porcentaje en punto. El menor cambio en el precio en el mercado Forex.

Pivotes: Líneas de soporte y resistencia para las operaciones intradía, y que resultan del movimiento de precios del día anterior.

Precio objetivo: Precio de mercado que debe alcanzar un valor en base a un análisis.

Quedar en tablas: Punto en el que no hay ganancias ni pérdidas.

Rango: Fase lateral de un mercado.

Relación riesgo-recompensa (RRR): Sirve como indicador de la utilidad de una inversión. Se calcula dividiendo la rentabilidad esperada entre la mayor pérdida posible (*stop loss*).

Resistencia: Nivel de precios en el que surgen más vendedores.

Reventa (Scalping): Técnica de *trading* en la que el operador intenta negociar movimientos mínimos en el mercado.

Riesgo cluster: Riesgo que surge cuando una cartera de inversiones es desproporcionadamente pesada con respecto a ciertos valores, sectores, países, monedas o tipos de activos.

Seguimiento de tendencia: Estrategia de *trading* que se centra en el seguimiento de una tendencia identificada.

Soporte: Nivel de precios en el que los compradores son cada vez más activos.

Tasa de aciertos: Relación entre operaciones ganadoras y perdedoras.

Trading diario: Describe la operación especulativa de valores a corto plazo. Las posiciones se abren y cierran dentro del mismo día de negociación.

Trading discrecional: En *trading* discrecional, las operaciones no son automatizadas y la orden se ejecuta manualmente en el mercado.

Trading semiautomático: Estilo de negocio en el cual algunas transacciones se ejecutan manualmente y otras, de manera automática.

USDCAD: Tipo de cambio entre el dólar estadounidense y el dólar canadiense.

USDCHF: Tipo de cambio entre el dólar estadounidense y el franco suizo.

USDJPY: Tipo de cambio entre el dólar estadounidense y el yen japonés.

Volatilidad: Desviación estándar. Indica la fuerza con la que fluctúa un precio.

Más publicaciones por Heikin Ashi Trader

¡Apuesta contra la tendencia!

La industria de corretaje usualmente recomienda que los traders principiantes negocien con la tendencia. ¿Pero es rentable hacerlo? Se dice que, si sigues la tendencia, la probabilidad de ganar es mayor. Desafortunadamente, la experiencia demuestra que la mayoría de los operadores no pueden construir un negocio rentable de esta manera.

Viejos y experimentados zorros del mercado solían decir: "Hay que comprar cuando hay sangre en las calles". Esto significa que debes actuar contra la tendencia. En realidad, esta frase es la expresión misma del sentido común. La pregunta sigue siendo: ¿Por qué a los operadores les resulta tan difícil poner en práctica esta perla de sabiduría comercial?

El nuevo libro de Heikin Ashi Trader ofrece ideas y consejos que te ayudarán a reconocer buenas señales de contra tendencia en el mercado de valores, ya que estas suelen ser las oportunidades más rentables de trading.

Tabla de contenido

Cómo Convertir $5.000 en Un Millón

¿Es posible convertirse en millonario en el mercado de valores? La pregunta de cómo hacer crecer una cuenta pequeña sin duda ocupa la mente de todos los operadores. ¿Cómo lograr hacer una fortuna con una pequeña cantidad y, preferiblemente, realmente rápido?

Al igual que es posible construir un imperio inmobiliario sin un dólar de patrimonio, asimismo lo es lograr grandes ganancias en el mercado de valores con apenas un pequeño capital inicial (USD 5.000 o menos).

En este libro, Heikin Ashi Trader presenta una estrategia bursátil que ayudará al operador a triunfar en este intento. Principalmente, explica que el factor del tamaño de la posición juega un rol mucho más decisivo en el éxito de los negocios, de lo que comúnmente se asume. La pregunta correcta no es con qué frecuencia usted tiene, o no, la razón, sino cuán grande es su posición en caso de que la tuviese.

Este método apenas consiste en encontrar aquellos mercados en los que pueda esperarse un movimiento significativo y, una vez que el operador haya identificado uno, construir una gran posición en él para obtener un beneficio pleno de ese movimiento.

Tabla de Contenido

Swing Trading Usando el Gráfico de 4 Horas

La serie completa

La negociación oscilante es demasiado rápida para los inversores y demasiado lenta para los operadores de día. Se lleva a cabo durante un período de tiempo en el que muy pocos operadores profesionales se encuentran operando.

Los operadores de Swing generalmente usan gráficos de 4 horas. Este período es exactamente entre el inversor típico y los comerciantes del día. Los operadores de Swing son propensos a la incertidumbre y esto es bueno, porque aquí está casi solo.

Este eBook describe el método de trading swing de Heikin Ashi Trader. Es ideal para inversores individuales que no quieren pasar todo el día frente a la pantalla de la computadora.

Tabla de Contenido

Parte 1: Introducción al Swing Trading

Parte 2: ¡Gana dinero con el fakeout!

Acerca del Autor

Heikin Ashi Trader es el seudónimo de un trader con más de 19 años de experiencia en el day trading de futuros y divisas. Se especializa en el scalping y el day trading ultra-rápido. Además de su actividad comercial, también ha publicado múltiples libros en los que enseña sus métodos de negociación. Los temas que trata son: scalping, swing trading y gestión de dinero y riesgo.